곰밍아웃! 너를 위한 대중매체와 글쓰기

유미애 지음

교양 글쓰기를 위한 교재를 만나다
대중매체와 문학으로 배우는 반려 글쓰기

곰밍아웃! 너를 위한 대중매체와 글쓰기

| 목차 |

들어가는 말

제1강 글쓰기의 가벼움

1. 무엇을 어떻게 쓰라는 거지? / 14
 1) 글쓰기의 미러링 효과 / 16
 2) 글쓰기의 심리치료 효과 / 17
2. 글쓰기의 시작 / 19
 1) 나의 글쓰기는 현재 어떨까? / 19
 2) 단문 – 명화 서평 쓰기 / 20
3. 스토리텔링이란 이런 것 / 27
4. 플랫폼을 통한 글쓰기와 1인 출판의 실재 / 29
 1) 플랫폼을 통한 글쓰기의 실재 – 황민서 / 29
 2) 1인 출판 기획 과정의 실재 – 황민서 / 32

제2강 이미지와 상징 단상 쓰기

1. 단상이 무엇일까? / 36
2. 이미지와 비유, 상징의 사용법 / 38

1) 문학 속에서 찾는 이미지와 비유, 상징 / 39
　　2) 대중매체와 이미지, 비유, 상징의 연관성 / 41
　3. 단상의 실재 / 43
　　1) 이미지와 상징으로 단상 쓰기 / 43
　　2) 대중가요 가사로 단상 쓰기 / 50
　　3) 수필로 단상 쓰기 / 58
　　4) 퇴고의 실재 / 90
　　5) 시로 단상 쓰기 / 100

제3강 아는 만큼 보인다 - 상징분석 레시피

　1. 문학적 상징의 연관성 / 110
　　1) 대표적 오브제 활용법 / 111
　　2) 색채의 상징 / 112
　　3) 숫자의 상징 / 113
　　4) 시·공간의 상징 / 116
　　5) 그림과 음악의 상징 / 119
　2. 상징이 활용된 대중매체의 실재 / 127
　　1) 드라마 - 노희경 작가의 '괜찮아 사랑이야' / 127
　　2) 영화 - 봉준호 감독의 '설국열차' / 131

제4강 광고 서평 쓰기

1. 광고는 공감의 예술 / 136
   1) 영상광고의 설득력은 어디까지일까? / 136
2. 이야기를 지닌 광고 / 138
   1) 스토리텔링의 중요성 / 138
3. 기업의 가치와 이미지 / 143

제5강 단편소설 분석하기

1. 소설은 이미지와 상징의 집대성 / 146
   1) 단편소설 읽기 / 147
     ① 서영은 작가 〈먼 그대〉
     ② 오정희 작가 〈비어있는 들〉
2. 문학 작품을 읽는 방법 / 161
   1) 현대소설 분석의 관점 / 161
   2) 내재적 관점으로 상징 분석하기 / 162
   3) 외재적 관점으로 상징 분석하기 / 162
3. 단편소설 서평 쓰기 / 163
4. 토론 – 공적 대화의 중요성 / 164

제6강 단편영화 서평 프리젠테이션(Presentation)

1. 영화 속 오브제 분석하기 / 168
   1) 영화 속 이미지, 비유, 상징의 실재 / 169
   2) 영화 속 시퀀스 찾기 / 174
   3) 영상매체의 스토리텔링 구조 / 175
2. 개성 있는 PPT의 활용법 / 176
   1) 효과적인 PPT 작성법 / 176
3. 5분 스피치 – 공적 대화는 이렇게 말한다 / 181

참고문헌 / 184
부록 _ 어휘력 향상을 위한 꼭 읽어야 할 세계문학 필독서 목록 / 185

들어가는 말

 2025년 여름은 뜨겁고, 조금은 버겁고, 그럼에도 겁 없이 시작한 글쓰기 책 집필로 마무리가 되는 한여름이다. 먼저는 전공 학생에게 현대소설을 가르치며, 대학 강의 3년 차가 되던 해, 공대에서 본격적인 글쓰기 강의를 시작했다.
 인문학도가 아닌 공학도에게 무겁지 않지만, 가볍지 않은 글쓰기를 어떻게 가르쳐야 할지 많은 고민을 한 것 같다. 애당초 기존의 글쓰기 교재는 보지 않았고, 한 학기 동안 글쓰기 수업에 학생들이 자연스럽게 동화되어 자신의 감각으로 체화하기를 바랐다.

 이 책의 제목처럼 '곰밍아웃, 너를 위한 대중매체와 글쓰기'의 명제는, 말 그대로 읽고 쓰고 하는 행위 자체가 어려운 귀여운 곰들에게 쑥과 마늘을 먹여, 결국에 자유롭게 말과 글로 소통하는 사람으로, 성장시키고픈 나의 작은 바람으로부터 시작되었다. '곰밍아웃'은 신조어로서 곰인형에게 애착을 갖듯이, 살면서 힘들 때마다 글쓰기가 위로이며 힐링이고, 치유되는 반려 글쓰기가 되었으면 한다.
 글의 종류를 가르치기보다 익숙한 매체와 문학을 통해 얻어지는 '이미지와 상징'을 중심으로 글쓰기를 가르쳤다. 여기에 담긴 6강의 모든 내용은 그동안 학부생들이 얻은 글쓰기 효과와 영향력을 준 모든 내용을 담았다. 앞으로도 그

믿음으로 진행할 수 있어, 글쓰기 수업이 더욱 기대되는 이유이다.

일반 독자에게는 글쓰기가 경쟁력이 되어버린 이 시대에 기존과 다른 글쓰기 책이 되었으면 한다. 문학에 대한 동경을 지닌 독자에게는, 특히나 더 반가운 책이었으면 좋겠다. 문학이 갖는 특이성은 인간의 삶에 여러 모양과 색으로 활용된다. 이를 우리가 무의식적으로 어떻게 즐기고 있는지 알게 된다면 더 반가운 일이다. 한 작품을 끝까지 정독해서 중요 구절을 분석하고, 하나의 글로 완성해서, 그 내용을 바탕으로 토론을 할 수 있다면, 이 시대가 원하는 인재 그 이상. 자신의 삶을 훨씬 풍요롭게 할 것이다.

망설임 속에서도 글쓰기 책을 만들어야겠다는 나의 시작은 이 수업을 그대로 흡수한 다수 학생의 피드백이었다. 종강 마지막 날이면, 때로는 음료 캔 하나와 작은 편지를 던져 놓고 가는 만학도가 있었고, 때로는 강도가 센 수업임에도 늘 조용히 그 자리에 앉아 있던 친구가, 내게 다가와 비로소 말을 건다. 어느 날은 이메일로 편지를 준비했지만, 용기가 없어 전해 주지 못한 진심을 가득 담아 두고 간다. 흰 백지를 보면 공포가 먼저 몰려오던 자신이, 다른 학과 수업에서도 막힘없이 써 내려가는 스스로가 놀랍다는 친구까지. 그래서인지 이런 맛으로 힘들지만 글쓰기 수업을 계속하지 않을 이유가 없다.

가장 재미있던 일은 교수평가 시 객관식 점수가 아닌 주관식란에 그 학기 모든 학생이 글쓰기를 하고 가서, 점수화가 되지 못할 뻔 한 적이 있다. 왜 점수로 평가하지 않고, 주관식란에 자신의 소회를 가득 담아 글쓰기를 하고 간 것인지, 재미있으면서도 엉뚱하고, 잠시 몽글한 마음에 한참을 모니터 앞에 앉아 있던 기억이 있다.

그렇다면 되었다는 마음과 함께 모든 이들이 조금 더 오래 기억할 수 있도록 글쓰기 책을 만들었다. 이러한 저자의 마음이 '글쓰기 곰밍아웃'을 한 모든 이들에게 용기가 되었으면 좋겠다.

  2025년은 두 권의 저서가 나온 조금은 특별한 해이다. 몸 둘 바를 모르게 추웠던 겨울부터 시작한 학술 저서는 푸른 5월에 나왔고, 이래도 될까 싶을 정도로 무지막지하게 무더운 여름에는 글쓰기 책이 출판되어 오래 기억될 것 같다.

  이 책은 내게 '기회 주심'이 있었기에 가능했다. 대학 강의를 시작하고 3년 차가 되었을 때, 고작 2년 정도의 경력밖에 없던 나를, 다섯 명의 공대 교수님들의 심사와 부탁의 말씀으로 시작되었다. 귀한 학생들을 맡겨주신 학교 측에 감사를 전한다.

  이 책을 만들 때 뻔한 글쓰기 책이 되지 않았으면 했다. 귀여운 글쓰기 책을 만들고 싶던 나의 바람을 현실로 구현해 준 커버 그림의 디자이너 경은이와 지난 책에 이어 이번에는 완전히 다른 결로 속표지 그림을 한 땀 한 땀 그려준 동양화 작가 지은이. 나의 오래된 친구들, 친절하고 능력자인 두 사람에게 그 수고와 조건 없는 응원에 깊은 고마움을 전한다. 저작권 부분에 늘 신중한 나에게, 아낌없이 가사를 제공해 주신 인디밴드 옐로위크의 싱어이자 작사/곡을 맡은 아티스트 김현성 선생님께, 은사님의 추모곡을 만들며 여기까지 내어주신 마음과 귀한 인연의 감사를 전한다.

  또한 책 속에 필요한 글을 제공해 준 고마운 분들이 있다. 학부 때부터 대학원까지 현대시를 가르쳐주셨던 김삼주 교수님께 시와 그림으로 기쁘게 참여해주심을 진심으로 감사드린다. 이런 날이 올지 몰랐습니다 교수님. 함께 대학 강단에서 은사님을 따라 열심히 강의함으로 늘 힘이 되어주신 박혜경 선생님, 멀리 프랑스에서 도움이 되고자 자신의 글을 더해준 승아, 그리고 똑 부러지게 자신의 길을 걸어가며 나의 뒤를 따라오는 민서에게 긴 공부가 힘들 테지만, 그럼에도 불구하고 끝없는 용기를 보낸다. 귀한 글로 함께 참여해 주신 나의 인연들이 더 귀하고 감사하다.

정성껏 온 힘을 다해 책을 만드는 사명으로 모든 삶을 살고 계신 '도서출판 등'의 유정숙 국장님께도 또 한 번 나를 믿고 맡겨주심을 감사드리며, 감각이 대단한 편집팀의 수고에 고마움을 전한다.

마지막으로 여름 내내 작업하는 과정을 조용히 지켜봐 주시고 기다려주신 부모님과 이 책을 쓸 수 있게 문예창작과 학부 때부터 국어국문학 박사 때까지 학업에 있어서 엄격하지만, 사랑이 가득하고 자상하셨던 은사님께, 그리고 계획하지 않은 일들로 나를 크게 성장시키는 나의 아버지의 사랑에 늘 이 자리에, 필요하신 때에 서 있겠노라고. 헤아릴 수 없는 감사와 다짐을 전한다.

2025년 8월 어느 뜨거운 여름날
모두에게 감사를 전하며 저자 적음

제 1 강

글쓰기의 가벼움

1. 무엇을 어떻게 쓰라는 거지?

　이공계생을 포함 인문학 전공자조차 글쓰기란 콜럼버스처럼 신대륙을 찾는 것이요, 스티브 잡스의 대단한 발상으로 시작된 새로운 세계와 마주하는 일이다. 이들에게 생각과 마음을 글로 자유롭게 표현하는 일은 그리 쉬운 일이 아니다. 꼭 오랜 다독을 통해 획득한 어휘만이 훌륭한 문장을 이룰 수 있다고 생각한다. 그러나 이런 현상은 이공계생에게 한정된 것은 아니다.
　현재 대부분 대학에 글쓰기 수업이 교양과목으로 편성되어 있고, 조금 더 강화된 학교는 큰 규모에 글쓰기 센터를 운영하여 체계적이고 조직적으로 학사 과정을 개편했다. 더 나아가 대기업에서조차 글쓰기 전담 부서를 운영한다. 빠르게 변화하는 현시대에 아날로그적이고 보통의 글쓰기가 오히려 자신의 경쟁력을 높일 수 있는 과제가 되었다. 이에 따른 부가가치도 상당히 빠르게 달라지고 있어, 글쓰기는 나만의 창조적이고 개성적인 표현의 수단으로 중요한 한 축을 담당하고 있다.
　대다수의 젊은 연령층은 이미 태어날 때부터 한 손에 핸드폰을 쥐고 태어났다고 할 정도로, 정보화시대 인간(호모디지털 - Homo Digital)으로 다변화되었다. 종이책으로 읽어나가는 문자의 언어는 어느덧 생경하고, 매체에 따른 변화는 사고의 방식을 달리 만들었다. 그래서 문자보다 화려한 영상을 먼저 접한 이들에게 글을 짓는 행위가, 마치 밥을 짓거나 옷을 만드는 것의 버금갈 만큼 높은 수준의 일이다. 다른 면에서는 기술의 대단한 발전으로 글쓰기를 연습 없이 빠르게 할 수 있는 요행을 바란다. AI나 쳇 GPT가 언어와 사고의 체계를, 인간보다 더 완벽하게 구현할 수 있다고 믿는다.

이와 함께 교육과정에서 잘못 학습된 경험이다. 실제 구두로 상대방을 설득하거나 비언어적 표현을 사용하는 대신, 단락을 나누어 전략적인 글을 써야 한다는 학습적인 압박도 한 몫을 담당한다. 대학 입시가 목표인 한국 교육의 현실이다. 모든 과목에 글쓰기 수행평가를 만들어, 틀에 맞춰 찍어낸 듯한 결과물을 성적에 반영한다. '글쓰기'라는 행위에 과연 학생들이 자유롭게 노출될 수 있는 상황인지 반성해 볼 필요가 있다.

대학 현장에서 글쓰기를 가르칠 때 그들이 겪는 어려움이 느껴지는 바도 여기에 있다. 학기 초 오리엔테이션에서 쓰는 짧은 글쓰기마저, 학생들의 어쩌지 못함은 앞에서 말한 세대의 특징도 있지만, 초·중·고에서 부르짖은 교육개혁이 실제 실효성이 있었는가 의문을 가질 수밖에 없다.

글쓰기는 자신의 언어이다. 망상이 아닌 이상 '읽기'와 '생각하기'는 글을 쓰는데 전제 조건이 되고, 이를 바탕으로 나의 사유는 글을 통해 발현될 수 있다. 처음부터 수려하고 화려한 글쓰기는 필요 없다. 다만 내가 평소 하는 생각에 바탕을 만들어, 자신의 이야기를 쉽게 풀어내면 그뿐이다. 그저 코끝을 스치는 다양한 종류의 내음과 당장 앞에 보이는 것, 들리는 것들을 말이다. 말이 아닌 자신의 느낌에 따라 자유롭게 글로 쏟아내는 것, 이것이 글쓰기의 시작이다. 우리말의 특성 중 하나가 풍부한 의성어와 의태어가 있고, 색상 하나에도 많은 종류의 표현이 존재한다. 그러니 글쓰기의 두려움에서 벗어나 내 안에 있는 이야기를 위해 펜을 들어 써보면 어떨까?

1) 글쓰기의 미러링 효과

대중매체 글쓰기는 광고, 영화, 드라마, 라디오 그리고 문학 작품의 감상과 더불어 서평 쓰기로 시작된다. 학생들은 글쓰기에 대한 어려움과 익숙하지만 잘못 경험된 학습으로 인해 글쓰기 수업에 대한 기존의 편견을 지울 수 없기 때문이다. 그래서 학생에게 부담을 주지 않으면서도 그들에게 익숙한 매체로 글쓰기 첫걸음의 시작을 돕는다.

글쓰기의 미러링 효과는 쉽게 말해 매체 속에 나오는 주요인물과 사건을 향한 몰입을 통해 자신과 동일시됨을 말한다. 곧 극에서 전개된 작중인물의 감정과 말, 행동, 태도 등을 마치 자신의 경험을 비추어 무의식적으로 받아들이는 과정이다. 글쓰기에 있어 사물의 본질을 파악하는 것은 매우 중요하다. 이 과정 자체가 쉽지 않은 의식 체계의 특이성을 지닌다. 그래서 독창적인 글쓰기에 앞서 관찰을 통한 사고의 확장이 필요하다.

사고의 확장은 풍부하고 다양한 묘사적 서사를 만들어, 자신에게 내재 된 어휘뿐만 아니라 자신만의 감수성으로 표현된다. 유명한 작가라 해도 처음부터 자신만의 개성적인 글이 완성될 수 없다. 처음엔 타인의 감정을 모방해 각자의 방식을 찾아 나아간다. 그래서 작가들에게 습작은 매우 중요한 작업이다. 이것은 작가만의 문체를 만드는 매우 치밀하고 집요한 과정이기 때문이다.

특히 이공계생들은 객관화된 전제를 두고 문제를 풀어내는 학업에 익숙해져, 정형화를 깨뜨린 새로운 길의 글쓰기는 여간 어려운 일이 아니다. 그래서 죽어 있는 감정 세포들을 깨워 주어야 한다. 각 작품 속에 나오는 등장인물의 성격, 감정의 변화, 곧 그 인물의 내면을 자기화시킨다. 등장인물의 행동과 태도를 통해 보고 듣고, 읽은 내용은 그대로 그 상황 속으로 자연스럽게 동화되게 만드는 것이다. 이것이 대중매체 글쓰기가 지향하는 미러링 효과의 가장 큰 목적이다.

2) 글쓰기의 심리치료 효과

앞서 글쓰기를 통해 자신에게 몰입하며 성찰할 수 있는 주요 기능에 대해 말했다. 필연적으로 글쓰기는 자아 성찰이 되는 과정에서 심리치료 효과를 기대할 수 있다. 이는 매체에서 접한 서사적 경험에 자신의 이야기를 가져와 이입시키기 때문에 가능한 일이다.

글쓰기 치료는 본래 치료적인 목적으로 글을 쓰는 것이므로 글쓰기 과정에서 치료적 글쓰기(therapeutic writing)의 성격을 지닌다. 글쓰기 치료는 정신적, 육체적, 정서적, 영적으로 더 나은 건강과 행복을 위하여 목적 지향적이고 의도적인 글쓰기를 하는 심리적 치료기법이라고 볼 수 있다(임성관, 2019). 대부분 암 환자나 우울증 환자들의 주 치료 이후에 보조적 치료로 글쓰기 치료가 진행된다. 무엇보다 환자들이 겪는 고통의 정도가 경감된 사례들이 많다는 놀라운 효과가 확인되었다.

대학 구성원은 대부분 20대 청년들로, 이미 그 세대를 지나온 사람들에게는 '무엇이 이를 필요하게 하는가' 라는 의문을 가질 수 있다. 그러나 20대를 갓 맞이한 그들은 빠르게 급변화하는 사회의 무한경쟁을 피할 수 없다. 입시 체계에 치어살던 청년들은 여전히 연쇄적으로 다가온 학업의 부담감과 취업에 대한 두려움을 내재한 채, 하루를 밀려나듯이 살고 있다. 대학 현장에서 그들을 가르치는 저자가 현 시대를 사는 청춘들의 고민을 읽거나 들을 때면 선생님으로서, 어른으로서의 가볍지만 않은 무거움과 책임감을 느낀다.

그래서 전공 수업 이외에 개설된 글쓰기 수업에서, 저자는 이들을 위해 학업이란 인지보다 치유의 글쓰기를 위한 취지도 있다. 즉 페르소나[1]의 두

꺼운 층에 가려져 있던 무의식들을 활개치게 함으로써 쓰는 이의 창의력을 살리고, 거리낌 없는 글쓰기가 구속이 아니라 해방임을 경험하게 해준다(안숙원, 2011). 그렇게 필요한 사고의 자유성을 보장하고 자유롭게 머릿속에 떠오르는 단어들을 모아 자신의 문장을 만든다. 그럼으로써 내면에 깊게 가둔 무의식을 꺼내어 자신과 정면으로 마주할 수 있게 되는 과정이야말로, 여타 과목에서 느끼지 못한 확연하게 다른 경험을 할 수 있다.

---

1) 페르소나(persona) : C.G 융(Juhg)의 개념으로 자아의 외부 세계를 조정하고 중개하는 공적·사회적 마스크에 해당, 칸트의 주체아나 불교의 진여(眞如)와 같은 진정한 자아는 아니다.

2. 글쓰기의 시작

1) 나의 글쓰기는 현재 어떨까?

글쓰기를 하기 위해서는 앞에서 반복적으로 말했듯, 꼭 글이 아니어도 발상의 전환이라는 새로운 패러다임과 마주해야 한다. 그러나 글쓰기의 본질상 발상의 전환이 필요하지만 이를 어떻게 시도해야 하는지 모두 난감해한다. 다양한 미디어를 접한 세대임에도 개성적이고, 창의적인 사유의 시작은 그리 만만치 않다. 스토리텔링(이야기와 말하기)을 기반으로 한 극대화된 환경에서 '이야기의 힘'이 글쓰기로 구현된다.

대다수 이야기 자체를 시청각이라는 매체로 접하는 것에 익숙할 뿐이다. 특히 이공계생 전공과목에 특성상 이미 규정화된 논제를 두고 연구하고 학습하다 보면, 정확한 정보를 벗어난 논제와 정의에서 벗어난 사고의 활성화는 생각처럼 쉽지 않다. 교수자는 글쓰기를 통해 잠재적인 창조력을 발휘케 하는 것을 잊어서는 안 된다.

특히 이들은 즉흥적으로 생각을 서술하라고 하면, 펜을 대지 못하고 앞에 놓인 A4 용지를 한참 뚫어지게 쳐다본다. 이것은 꼭 이공계생의 현상만은 아니다. 앞에서 말했듯 텍스트보다 영상을 먼저 접한 세대의 집합일 뿐이다. 읽고 생각하기를 기반으로 학문을 다루는 인문학 전공생들조차 자유 작문(Free Writing)은 쉽지 않다. 글솜씨를 재능으로 타고 나지 않아도, 누구나 망설임 없이 그 자체만으로 자유로워질 수 있는 경험이 매우 중요하다.

2) 단문 - 명화 단상 쓰기

초보 글쓰기는 단문으로 시작한다. 문장은 말 대신 생각과 느낌을 글로 구현하는 문자적 표현이다. 그래서 글을 쓰는 사람의 경험한 일, 사전 정보와 추론한 바를 좋은 문장으로 만들어 낼 수 있는 기술의 제반이 필요하다. 그러나 글쓰기의 경험이 부족한 학생들에게 문장 수련 과정에 대한 부담을 줄여주고, 명확한 문장을 만들어 내기 위해 단문 쓰기를 가장 기초로 삼는다.

글쓰기에 대한 두려움을 전환하고 '묘사적 서사'를 중심으로 주어진 과제를 관찰한 만큼 창의력 수업으로 즐거운 행위가 될 수 있음을 느끼도록 하는 것이 중요하다. 단문 쓰기라고 해서 장문을 단순하고 짧게 쓰라는 것으로 오해하면 안 된다. 쉽고 명료하게 써야 하는 글의 경제성(키스 법칙[2]-Keep it simple, stupid)을 포함하되, 장문을 쓸 때는 자기 생각과 느낌, 사상, 정서, 의견 등을 충실하게 반영할 수 있어야 한다.

그래서 창의력 수업은 인간의 삶과 사물을 새로운 시각으로 바라볼 수 있는가의 시발점이 된다. 글쓰기를 일반적으로 생각할 때, 학생들이 느끼는 지루함과 정서적 거리감은, 표현의 자유로움을 통해 참신하고 재미있는 글쓰기와 비로소 만난다.

---

2) 안숙원, 김시윤, 『글쓰기와 글치기』, 도서출판 굿모닝, 2011, p.34

다음 단문을 이용한 묘사적 서사의 예로 명화 단상 쓰기를 해보자.

요하네스 베르메르
우유를 따르는 여인, 1658~1660

1. 위의 사진은 어떤 내용을 담고 있는지 자유롭게 연상하세요.

얀반에이크/아느놀피니의 결혼, 1434

2. 얀반에이크의 1434년 작품인 '아느놀피니의 결혼'이다. 이 그림은 실제 이 부부의 초상이다. 그림을 보면 부부의 서 있는 위치가 다르다. 어떤 이유일지 떠오르는 단상을 쓰세요.

3. 그림을 자세히 보면 부부는 신발을 벗고 있다. 그 이유와 그림 속 강아지는 어떤 의미를 담고 있는지 연상하여 쓰세요.

글쓰기는 무엇보다 '발상의 전환'을 요구한다. 이는 각자가 지닌 창조적이고 개성적인 글을 쓸 수 있기 때문이다. 꼭 위대한 창의력을 발휘하는 것이 아닌 평소에 생각해 보지 않았던 것을 발견하는 일 자체가, 사물을 묘사하여 서술하는 참신한 방식이 될 수 있다. 그것이 일상적이지 않거나 혹은 시대를 거스르는 생각일지라도, 특별한 흥미가 유발되어 새롭게 보기를 시작할 수 있다면, 이것이야말로 생각을 글로 표현하는 행위의 첫걸음인 것이다.

특별히 예술을 우리의 일상을 비춘 서사로 인식하여 묘사하다 보면, 조금 더 쉽게 인간의 모습과 삶의 형태로 나아가는 길잡이가 되어줄 것이다. 콜링우드의 말대로 "예술은 최초의 기본적인 정신활동이다. 그것은 모든 다른 활동이 자라는 토양이 된다." 상상을 토대로 하여 출발한 사고작용은 하나하나의 대상을 관계시킨다.[3]

> 박수근 화백의 대표작 '나목' 그림에 대한 단상이다. 작가의 글을 읽어보고, 하나의 그림이 자신의 배경지식과 더해져 어떻게 확장되는지 알아보자.

박수근 화백의 '나목'을 보며

박지은

박완서 〈나목〉은 화가 박수근과 만났던 기억을 토대로 쓴 소설이다. 전

---

3) 경원대학교 '읽기와 쓰기' 교재 편찬 위원회, 『색깔 있는 글쓰기』, 도서출판 역락, 2008, p.33

쟁 중이라 생계가 막막했던 박수근은 헐값으로 화방에 그림을 팔아 겨우겨우 생계를 연명하던 중이었다. 오늘날 명동 신세계 백화점 건물을 미군 PX로 활용하고 있었는데, 여기에서 저렴한 가격에 미군들의 초상화를 그려주는 일자리를 얻게 된다. 먼저 남으로 내려갔던 남편을 만나고자, 북에서 목숨을 걸고 내려온 아내와 아들을 상봉했으니 얼마나 행복했을까. 그렇기에 더욱 일자리가 절실했을 터.

김복순 저 『박수근 아내의 일기』에 따르면 박완서가 박수근을 만난 건 서울대학교 문리대 국문과를 입학한 이듬해였다. 그때만 해도 서울대에 여학생은 손가락으로 셀 수 있을 정도로 희귀했고, 특히 문리대는 대학의 대학이라는 자긍심이 대단했다. 그러나 입학하자마자 6.25전쟁이 터졌고, 전쟁으로 인해 가장 역할을 해야 했던 그녀는 미군 PX에서 일을 하게 된다. 그 무렵 박완서 나이는 겨우 스물한 살이었다.

꿈꾸던 대학 생활이 있었을 텐데, 전쟁으로 인해 인생을 송두리째 빼앗긴 기분은 어땠을까. 불만이 많았던 시절, 고학력자인 자신과 다르게 대부분 무명이었던 화가들과 같이 일을 하였기에 박완서는 그들을 가볍게 보았다. 그러던 어느 날, 일을 마치고 퇴근하던 길에, 우연히 박수근과 동행을 하게 되어 이야기를 나누던 중, 그가 일제 강점기 시절 미술대회 수상을 했던 인정받는 화가였다는 사실을 알게 된다. 한참 시간이 흐른 후, 박수근 화백 사후에 유고전을 관람하게 된 박완서는 〈나목〉이라는 그림을 마주하게 되면서, 그와 짧았던 만남을 회상하고 소설을 쓰게 되는데, 이 소설이 바로 박완서의 첫 소설 〈나목〉이다.

그림 〈나목〉을 처음 봤을 때 나뭇잎 한 장 없는 마른 나무를 보게 된다. 전쟁이라는 참혹한 경험을 겪은 박수근 그림 속에는 어린 동생을 업고 있는 누나, 생계를 책임져야 하는 어머니의 모습이 보인다. 그 시절은 그랬다. 나무를 다시 보자. 마른 나무에서 무엇이 보이는가. 희망이 보이는가? 간결한

선의 나무는 그저 그림 한가운데 서서 말한다. 이 겨울이 지나면 봄은 반드시 올 거라고. 견디어야만 봄이 오는 거라고 그렇게 그들은 믿고 버티고 있었다. 그 추운 겨울을.

3. 스토리텔링이란 이런 것!

　최근 한국 문화산업에 대한 관심이 쏠려 있는 가운데, 대중매체 콘텐츠의 중요성이 매우 부각 되고 있다. K 영화와 드라마의 파급은 일반인이 생각하는 것보다 대중문화 산업의 엄청난 경제적 효과를 가져왔다. 스토리텔링의 소재들은 결국 사람들의 일상을 담는다. 극에 등장하는 인물들에게 살아가면서 생기는 온갖 종류의 다양한 사건들은, 자연스럽게 한국의 전통문화와 현대문화를 노출해 외국인에게 한국을 각인시킨다.
　스토리텔링이란 이런 면에서 시·공간 속에서 벌어지는 서사들에서, 다양한 소재를 찾아 가치를 부여하며 이야기를 구사하는 방식이다. 한국 문화산업에서 이런 식의 문화콘텐츠는 풍부한 매체를 통해 연속적으로 확대되어 재생산된다. 이렇게 볼 때 매력적이고 양질의 스토리텔링의 콘텐츠는 이제는 세계 사람에게 주목받는 한국의 주요산업이 되었음을 증명한다.
　스토리텔링은 이야기와 말하기의 복합어로 하나의 이야기가 어떠한 효과를 창출하는지, 학생들의 '이야기 사용법'을 보면 알 수 있다. 스토리텔링이 기반 된 SNS의 활용도는 그들이 매우 몰입해 있음에도, 상호작용의 과정으로 비추어 볼 때 과연 효율적인 의사소통의 방식으로 사용되고 있는지 살펴

볼 필요가 있다.

  이야기와 매체의 결합을 통해 '스토리'가 만들어지고, 상호작용의 기술이라는 일련의 과정을 통해 역동적인 소통의 과정을 만든다. 화자와 청자 간 감정의 교류로 이해되는 스토리텔링의 상호작용성은 다양한 영역에서 맥락에 따라 활용되고 있다.[4]

  이러한 이유로 글쓰기를 학습하기 위해 대중매체를 선택한 방향성의 궁극적인 목적은, 글쓰기 초보도 어렵지 않게 서사의 전개를 이해하고 즐거운 글쓰기가 되도록 돕는 것이다.

---

4) 구종상 외, 『스토리텔링 레시피』, 푸른사상, 2014, p.21

4. 플랫폼을 통한 글쓰기와 1인 출판의 실재 - 너도 할 수 있어!

1) 플랫폼을 통한 글쓰기의 실재 - 황민서[5]

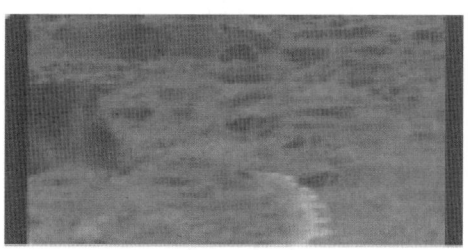

실제 운영했던 브런치 메인 화면

---

[5] 가천대학교 한국어문학과 졸업, 현재 서울대학교 일반대학원 국어국문학과 국어학 석사 과정을 준비중이다. 실제 브런치를 통해 출판 계획을 세운 바 있다. 학부 때 경험한 1인 출판으로 현재 1인 출판사 '뮤'를 운영 중이다.

카카오 브런치란?

카카오 브런치는 '카카오(주식회사)'에서 운영하는 글쓰기 플랫폼이다. 모든 사람이 글을 쓸 수 있지만, 플랫폼에 자신의 글을 노출하기 위해서는 '작가'가 되어야 한다. 자신이 앞으로 적을 글과 목차, 예시 글 등을 적어 플랫폼에서 '작가 신청'을 한다. 이후, 에디터팀의 승인 심사에 합격하면 작가가 될 수 있다.

브런치는 출판 비즈니스 플랫폼이기 때문에, '브런치 북' 프로그램을 통해 출판 경험을 얻을 수 있다는 것이 가장 큰 장점이라고 할 수 있다. 해당 프로그램에 자신이 책(글을 묶어 플랫폼 안에서 가상의 책을 제작하는 것)을 제출하면, 프로그램에 지원한 다양한 출판사들의 심사를 거쳐 선정된 작가에게 출판의 기회가 주어진다.

브런치 글을 시작한 계기

처음 글을 쓰기 시작한 계기는 '일기' 형식의 목적으로써 행하게 되었다. 청춘으로 살아가면서 겪는 다양한 걱정과 고민을 조금씩 일기처럼 한컴 파일에 적어 놓는 게 습관이었다. 푸념을 쓰는 글을 적다 보면, 어떨 땐 고민이 더 깊어지기도, 혹은 고민이 해결되기도 했다. 생각의 흐름을 따라가다 보면, 놓쳤던 부분을 찾게 되었기 때문이었다. 여러 해 동안 도전 앞에서 불안함을 느낀다거나, 갈피를 잡지 못해 허우적거린다거나. 그래서 고민이 생기면 일기장부터 펼쳐보게 되었다. 그러다, 지치고 힘들 때마다 보기 위한 나만의 '해결책'을 에세이 형식으로 적기 시작했다.

브런치로 출판 계획까지의 과정

본래 성격이 black comedy 같은 성향이라, 힘들고 지친 일들을 한 마디로 '웃프게' 적기 시작했다. 쉽게 말해, '에세이'라는 고정된 형식에서 벗어난 글을 적었다. 아름다운 은유, 화려한 문체, 감성적인 소재를 사용하지 않으려 애를 썼다. 슬픈 소재를 익살스럽게 풍자하는 유머, 비속어 등을 사용했고, 낙천적인 성격이 드러나는 글을 쓰기 위해 부단히 노력했다.

이런 파격적인 행보가 오히려 독자들에게 점차 호응을 얻게 되었다. 현실은 대단한 사람이 해주는 이야기처럼 항상 희망찬 것은 아니기 때문이다. 연애, 취업, 결혼, 자존감까지. 쉬운 것 하나 없는 현실을 살아가고 있는 청춘에게, 솔직하고 담백하게 위로를 건네는 응원 에세이가 한 출판사의 눈에 띄어, 출판 제의를 받게 되었다.

실제 저자 소개 부분

온화할 민, 용서할 서. 온화한 용서라. 젠장. 이때부터 내 인생은 단단히 꼬였다. 용서를 많이 하면 너그러워지지 않을까 했는데, 배짱만 두둑해졌다. 꼬인 인생 풀어보겠다고 애를 많이 썼지만, 풀리지 않았다. 그래서 기왕 꼬인 거, 꼬인 채로 '잘' 살아보기로 했다. 단단히 묶여 있으니, 힘없이 풀릴 일은 없을 테니까.

2) 1인 출판 기획 과정의 실재 - 황민서

　1인 출판 기획은 '부크크(BOOKK)'라는 자가 출판 플랫폼을 사용했다. 제작, 납돈, 출판, 유통까지 온라인으로 진행할 수 있으며, 초기 비용이 들지 않는다는 것이 가장 큰 장점이다. 다만, 책 표지부터 내지까지 규격에 맞춰 직접 디자인해야 한다는 번거로움이 있다. 정해져 있는 규격이 있으므로, 자율성이 조금 떨어진다는 것이 단점이라면 단점이다.
　대학교에서 자가 출판 소모임 '오느레'를 운영하며, 공통 주제로 에세이를 적어 피드백을 주고받기 시작해 글의 통일성을 맞췄다. 이후 부서를 나눠 교정, 내지 디자인, 표지 디자인을 도맡아 진행하였고, 총 2개의 책을 출판하게 되었다.
　플랫폼 이외에도 1인 출판사를 설립할 수는 있다. 요즘은 집에서도 운영할 수 있어, 1인 출판사가 증가하는 추세이다. 먼저, 출판사를 운영할 소재지에서 가까운 시청-문화관광부를 방문해야 한다. 출판사 신고에 앞서 필요한 서류는 주민등록등본, 임대차 계약서, 신분증, 출판사 신고서(시청에서 지급)이다.

　자택을 출판사 사업장으로 등록할 때는 임대차 계약서가 필요하다. 만약 부모님과 함께 살고 있거나, 본인 명의의 집이 아닌 경우 임대차와 자신의 관계를 설명할 수 있는 '가족관계증명서'로 대체할 수 있다. 출판 신고서를 적어 제출하면, 출판사 신고 확인증을 받으러 재방문한 뒤 면허세를 납부하면 출판사 신고는 공식적으로 완료된다. 관할 세무서는 출판사 사업자 신고를 위해 방문해야 한다. 이건 온라인으로도 가능하다.

 이러한 경험을 바탕으로 도서출판 '뮤'라는 1인 출판사를 운영 중이다. 학부 때 경험했던 1인 출판 기획이 실제 전공 서적을 출판하는 기회를 마련했다. 도서출판 '뮤'는 유에서 무를 창조하는 그 사이에서 머물겠다는 뜻이다. 출판한 책으로 『마다가스타르 대중 콩트』와 현재는 프랑스어문학과 전공 서적만 출판하고 있다.

제 2 강

이미지와 상징으로
단상 쓰기

1. 단상이 무엇일까?

　단상은 때에 따라 떠오르는 단편적 생각이나 그 생각을 적은 글을 말한다. 글쓰기가 익숙하지 않은 학생들에게 처음부터 장문 쓰기는 어려운 작업이다.
　글쓰기 자체가 창조적 행위를 기반으로 이루어져 있기 때문이다. 정서와 자신의 경험이 자연스럽게 문장을 이루려면, 사고를 문자로 표현하는 훈련이 필요하다. 그래서 학생들의 깊은 사고와 관찰력을 키우기 위해 흥미롭고 새로운 글쓰기에 방향의 축을 만들었다.
　이미지의 단상 쓰기의 원론적인 이론은 문학이 중심이 된다. 공대에서 '말과 글' 이란 글쓰기 과목을 강의하면서 '문학' 을 기본 바탕으로 한 커리큘럼은, 오랜 고민 끝에 나온 것이다. 일반적인 공학도 글쓰기처럼 실용적 글쓰기나 공대 글쓰기에서 벗어나 온전한 창의적 글쓰기를 기반하고 있다.
　풍부한 어휘와 섬세한 감각을 이미지 분석 방법을 통해 알아봄으로써, 학생들의 세계관을 확장을 불러일으킨다.
　강의를 시작할 때만 해도 이공계생에게 낯선 문학이 어떻게 다가갈까 하는 나름의 걱정이 있었다. 무엇보다 시각과 청각을 자극하는 매체에 장시간

노출된 학생들에게 문학이 과연 필요 충분 조건에 적절한지를 고민했다. 그러나 생각과 달리 학기가 거듭될수록 문학에 대한 관심도가 뜨겁다.

한 학기에 글쓰기를 모두 습득하기는 어렵지만, 적어도 한 학기가 끝날 때쯤 단상으로 시작한 단문에서 이미지를 분석해 만든 한 편의 글을 얻을 수 있다. 학생들에게 교양과목으로 개설된 수업이지만, 글쓰기에 대한 두려움은 사라져, '쓰기'는 물론이고 텍스트를 읽어내는 힘이 길러져 '읽기'에도 활용할 수 있다.

이미지와 비유, 상징을 활용한 단상 쓰기는 독특하고 참신한 나만의 글쓰기 될 수 있는 좋은 재료이다. 이를 위해 관습적인 인식에서 벗어나 대상을 바라보는 독특한 통찰력 길러야 한다.

2. 이미지와 비유, 상징의 활용법

　이미지란 언어를 통해 마음속에 재현된 구체적 형상이나 그와 연관된 추상적인 관념을 말한다. 시각 · 청각 · 후각 · 미각 · 촉각을 표현한 감각적 이미지와 비유에 의해 만들어지는 비유적 · 상징적 이미지로 구분된다. 상징적 이미지는 말 그대로 작품 안에서 반복적으로 떠오르는 그 무엇에 해당한다.
　이 교재에서 상징에 관심을 두고 글쓰기를 유도하는 것은 현대 문화가 상징주의 정신을 토대로 하고 있다는 선행적 연구들이 많기 때문이다. 현대 문화가 대중매체를 제반하고, 곧 인간의 문화를 지배하는 것은 상징이다. 광고, 영화, 드라마, 문학 등은 객관적인 사실을 재현하는 것이 아니라, 글쓴이의 주관적 정서를 쉽게 가늠케 하거나 숨김으로써, 의미를 창조하는 상상력과 상징을 강조한다.

　　허버트 리드가 말했듯 상징적 요소는 심리학적 해석을 요구하는 모든 인간의 문화, 즉 예술에 바탕이 되고 있다. 상징적 사고의 기능은 존재의 가장 내밀한 양상을 숨김없이 드러내 주는 데에 있다. 따라서 이미지, 상징에 대한 글쓰기의 접근 방식은 여러 복잡한 조건들과 타협하지 않은 "생긴 그대로의 인간"을 한층 잘 이해할 수 있게 해준다.[6]

그동안 답습하듯이 배웠던 글쓰기의 논리적 방법들에 이론을 벗어나, 학생들이 훨씬 풍부한 정신적인 세계관을 만드는 것에 큰 도움이 될 수 있다.

1) 문학 속에서 찾는 이미지와 비유, 상징

"창조로서의 문학은 전달하는 것이 아니라 저항하는 것이다"라고 고바야시 히데오가 말했다. 숙달되어 전해져 내려오는 생각이 아니라 기존의 생각을 뒤집어 획일성을 타파하는 것이 창조적 글쓰기의 시작이라는 것이다. 주제와 소재를 새롭게 의미를 부여해 발견하는 것은 발상의 전환이 필요하다. 표현의 독창성을 러시아의 형식주의자들은 '낯설게 하기(defamiliarization)'라 한다. 이는 시각과 주제의 독창성 등의 개성 있고 재미있는 글쓰기와 불가분의 관계에 있음을 보여준다.

한 작가의 같은 작품이 여러 사람에 의해 학술 논문으로서 재해석이 가능한 것은, 이미지와 상징분석의 학습과 훈련이 나만의 글쓰기를 가능케 하기 때문이다. 문학 작품 읽기를 통하여, 그 속에서 이미지와 상징으로 작중인물의 갈등 배경과 시·공간의 의미를 해석한다. 이는 주제를 관통하는 사물들의 의미를 해석하는 행위로 새로운 사유의 힘을 길러준다.

다음은 저자가 쓴 논문 일부분이다. 현대문학사에서 1990년대를 대표하는 윤대녕 작가는 상징과 비유의 미학적이고 시적인 작품들이 다수이며, 이

---

6) 미르치아 엘리아데, 이재실 역, 『이미지와 상징』, 까치, 1998, p.15

를 해석한 다양한 선행 연구들이 존재한다.

    계곡 안쪽 마을에서 만난 아낙네와 여인은, 은항아리 계속 속 태모신의 의미를 지닌다. 마을 어귀에서 들려오는 소 울음소리, 배추밭, 태몽을 꾸듯 배추를 아기처럼 끌어안은 여인의 모습, 그리고 여인에게 배추를 건네 아낙네, 그리고 아낙네 옆 모과나무와 시냇물 소리는 작품 속에서 밝음의 이미지를 드러내며 '나'가 가신 허무 그리고 어둠과 상반된다. 여인이 소원한 "얼굴이 하얀 아이 하나"에 대한 마음이 모성 본능을 상징하는 '소'와, 모성성이 강한 '모과나무'를 통해 그대로 반영되어 있다.[7]

    위에 글은 윤대녕 작가의 1996년 작 「은항아리 안에서」라는 작품을 분석한 일부의 내용이다. 윤대녕의 작품들은 뛰어난 상징과 이미지 그리고 독특한 기법을 통한 미학적인 형상화로 인해 새로운 소설 미학을 창출했다는 긍정적인 평가를 받고 있다. 그만큼 다수의 작품이 상징과 비유, 내면 묘사나 이미지 등을 통해 간접적으로 현실 인식을 보여주고 있다.
    여기서 주목해야 할 오브제는 '모과나무'이다. 이 작품에서 다루는 '모성'의 키워드를 무엇으로 상징했는가를 살펴봐야 한다. 대부분 과일은 동물이 다 먹고 난 뒤 자손 번성을 위해 가능한 한 더 멀리 보낸다. 그러나 '모과'는 자신의 금쪽같은 자식을 동물들의 배설물 속에서 키울 생각이 없다. 어미나무 근처에 떨어진 모과는 엄마가 챙겨준 풍부한 영양분에다 비타민, 광물질까지 필수영양소를 바탕으로 새로운 삶을 힘차게 시작한다.(박상진, 2011)
    이처럼 '모과'가 상징하는 '모성성'의 의미는 소설의 주제와 유기적 연관성을 가지며, 이는 상징분석을 통해 대상을 분해한다. 즉 작가가 선택한 대

---

7) 유미애, 「그 모든 순간, 윤대녕의 단편들」, 도서출판 등, 2025, p.24

상의 의도를 분석함으로써, 관념적이고 심리적인 것을 구체화 시키는 것이다. 이는 글쓰기에 가장 어려운 부분인 '어휘력'을 향상케 하는 가장 좋은 방편이 된다. 학생들이 생각은 있으나 표현이 되지 않을 때, 이러한 개념적 분석은 새로운 어휘를 형성하고, 단문 짓기 연습을 쉽고 재미있게 배울 수 있다. 무엇보다 문학을 공부함으로써 인간의 삶에 대한 통찰력과 진지한 탐구를 시도할 수 있다.

2) 대중매체와 이미지, 비유, 상징의 연관성

문학 작품 속처럼 대중매체에서 스토리텔링은 기본 원칙이다. 전하고자 하는 서사가 보는 이들의 공감과 소통이 우선되어야 하기 때문이다. 이 수업에서 다룰 매체는 영상 매체로 영화, 드라마, 광고이다. 영상 매체의 특성은 여섯 가지로 나눠진다. (1) 상징성 (2) 독창성 (3) 명료성 (4) 보편성 (5) 사회적 책임이다. 문자문화시대와 달리 스마트폰의 활성화는 영상 매체의 가속화를 불러, 이젠 전 세계인이 열광하는 한국의 K 콘텐츠가 되었다.

영상문화가 지닌 구술성은 즉각적인 이해와 기억의 용이성이라는 문제를 지적받은 바 있다.[8] 창작된 이야기를 즐기는 범위가 넓어질수록 새로운 아이디어가 따라붙어야 하고, 그럴수록 독보적인 테마가 따라야 한다. 무엇보다 매력적이고 각광 받을 수 있는 대중매체를 창작하기 위해서는, 주제와 소재의 이미지와 상징성이 중요하다. 따라가는 수용자들의 보폭을 넓히고 이야기가 계속 회자 되어 활성화가 되려면, 의미 없는 단순함을 추구하는 건 위험한 판단이다.

---

8) 강정희, 『스토리텔링으로 보는 콘텐츠 기획』, 한국외대 출판부, 2010, p.12

한국 콘텐츠는 이미 지나가는 유행을 뛰어넘어 세계에서 주목하는 중심부에 놓이며 높은 수준에 도달했다. 그렇기에 한국을 비롯한 세계 수용자들의 공감과 재미는, 보편적이지만 독창적인 이야기를 만드는 작가의 자유로운 표현이 매우 중요하다.

대중매체를 통해 글쓰기를 배우는 이유도, 거의 무한대로 스마트폰을 사용하는 세대에게 문자로 서술하는 것은 상당한 기술이 필요한 작업이기 때문이다. 대중매체 속에 포함된 상상성의 예시는 3장에서 더 구체적으로 언급하기로 한다.

3. 단상의 실재

1) 이미지와 상징으로 단상 쓰기

　인간만이 상징의 세계에 살고 창조하며 표현하여 결국 상징이 문화를 지탱하는 힘이 된다. 상징은 다른 인식의 수단으로는 절대 알 수 없는 현실의 추상적이고 심오한 양상들을 밝혀 주며 필요성과 의미의 기능을 다 한다. 인간이 존재로서 밝히지 못하는 비역사적인 부분까지 풍요롭고 완벽하게 각인처럼 기억한다.
　1962년 스페인 시인 씰로트(Cirlot)의 『상징사전』이 영역본이 나온 이후 문학을 포함해 회화, 건축, 음악, 철학, 종교, 민속 등의 상징적 의미를 해석하는데, 많은 도움을 주었다. 문학은 종합 예술로서 이 모든 것들을 내포한다.
　글쓰기를 이미지와 상징으로 시작하여 단상을 쓸 때, 같은 사물의 대상이라 할지라도 나만의 전유물처럼 표현할 수 있다. 창의력이란 모호하고 어리둥절한 학습 과정에 시간을 단축하고, 기본적인 문장의 구조를 자연스럽게 익히게 한다.

이번 강의에서는 주어진 이미지와 상징의 구체적인 개념을(이승훈, 『문학으로 읽는 상징사전』, 푸른사상, 2009) 통해 단상의 실재를 알아본다. 다음의 이미지를 보고 떠오르는 단상을 단문으로 작성해 보자.

〈동굴〉
자궁, 여성원리의 창조적 힘, 탄생과 재생, 이니시에이션(통과제의), 우주적 생명의 정의와 법을 나타낸다.

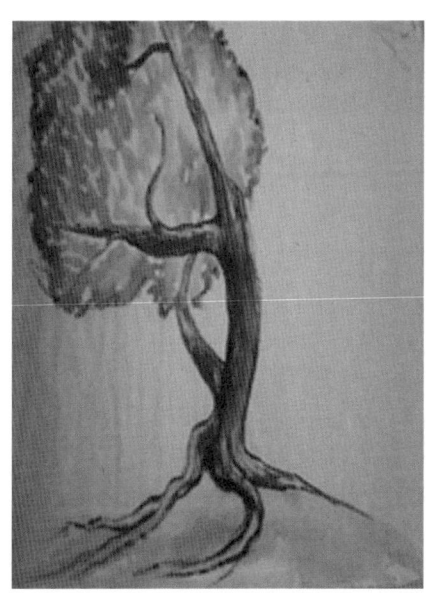

〈나무〉
나무는 동적인 생명, 우주의 생명, 성장, 증식, 생성, 재생, 절대적인 현실, 불멸을 상징한다.

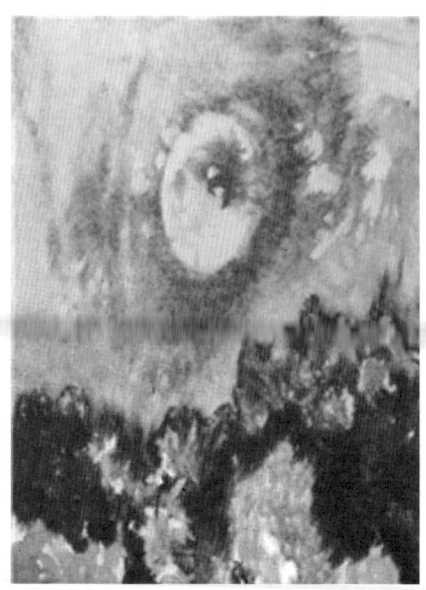

〈달〉
 달의 순환과 여성의 생리적 순환, 곧 월경 사이에는 신비한 관련이 있다는 점에서 달은 여성 혹은 여성적인 힘을 상징, 달은 죽음의 땅이며, 재생, 변화, 전환을 의미한다.

〈물고기〉
물고기는 남근을 상징하며 따라서 다산多産, 번식, 재생, 생명의 원천, 바다나 강(생명)을 상징한다. 물과 관련하여 무의식, 달의 여신, 태모신太母神과 관련된다.

제2강 이미지와 상징으로 단상 쓰기

〈불〉
상부를 지향하는 불인 불꽃은 영적인 힘, 초월, 명상, 신성한 힘, 깨달음, 악의 힘에 대한 승리를 의미한다.

〈물〉
원초적 태양, 혹은 우주의 근원, 원초적인 모성, 비, 수액, 젖, 피, 무한과 불멸, 잠재력, 역동적인 여성적 측면, 회귀, 재생과 소생

2) 대중가요 가사로 단상 쓰기

한국 대중가요의 시작은 1920년대 일제강점기 식민지를 겪고 있던 시대부터이다. 그 당시 음악은 억울하게 나라를 뺏긴 민족의 서러운 마음을 달래주었다. 초기에는 외국의 노래를 번역하거나 직접 가사를 만들어 번안곡들이 주류 이뤘다.

한국의 현대사는 광복을 맞이했어도 같은 민족끼리의 전쟁으로 분단이 되고, 피난 도중에 가족의 죽음을 목격하거나 헤어져 가족을 잃은 아픔의 상처를 얻었다. 그 당시 사람들은 해결방안도 없고 기약도 없는 고통과 아픔을, 음악을 통해 마음의 치유를 시도하는데, 이는 음악의 위대함을 증명하는 부분이기도 하다.

서글픈 곡조와 때로는 흥겨운 리듬은 슬픔을 웃음으로 승화시킨 우리나라 사람 특유의 '한恨'이란 민족성을 담아낸다. 특히 가사는 그 시대를 반영하기도 하지만, 보편적인 감성을 지니고 있다. 세월이 흘러도 변하지 않은 정서, '사랑'이란 논제는 끝나지 않는 서사를 만든다. 사랑하는 사람과 만남에서 느껴지는 풋풋함부터 애틋함, 이별의 아픔 등을 다양한 장르의 음악으로 선보이며 모든 세대를 아우르는 카테고리가 되었다. 한국의 현대사는 가사 속에 민중항쟁의 정신을 담아 민중가요를 만들어 대중가요의 다양함을 이뤘다.

대중가요는 1990년을 시작으로 새로운 시대가 시작된다. 다양한 장르가 고루 사랑받는 대중가요의 황금기 시절을 맞이한다. 이후 대형 팬덤 문화를 이루며 2000년대 이후 통신의 발달은 인터넷과 SNS 소통 체계를 형성해, 결국 K-POP은 세계인의 관심을 받음으로써 그 위상은 매우 높아졌다. 한국 대중가요 역사상 미국 빌보드차트에 처음 진입을 했고, 그래미상 후보까지 오르는 역사적인 기록을 남긴다. 현재 K-POP이 국제 행사에 초대되어 대형 공연을 하거나 이제는 빌보드차트에 오르는 일은 그렇게 놀라운 일이 아니다. K-POP은 세계를 상대로 거대한 팬덤을 이뤘고 그로 인해 한국의 문화는 음악, 음식, 패션, 뷰티, 드라마, 영화 등 다양한 분야에서 독보적인 매력을 보여주고 있다. K 문화는 세계인을 한국으로 불러오고 있으며 쉽게 사그라지지 않을 진행형이다.

다음 제시하는 가요의 가사를 읽고, 떠오르는 단상 쓰기

제목 : 초록은 막을 내리고

그룹명: 옐로위크(Yelloweek)

작사/작곡: 유익(Youic)

1절

안녕, 나는 개나리였어
안녕, 나는 벚꽃이었어
아련하게 남아있는 기억 속
내 모습은 여전히 아름답니

처음 마주해 본 햇살과
여름, 쏟아지던 빗줄기
겨를 없이 바삐 자라 무성한
초록은 이제 막을 내리고

다시금 안녕을 전하려 해
조금은 서운하겠지만

우리 가장 아름다울 때
헤어질 준비를 하기로 해
이별마저 선명하도록
처음 피어나던 봄처럼
더 짙은 색으로 물들어
다시 한 번 우리, 안녕

2절

처음 마주해 본 햇살과
여름, 쏟아지던 빗줄기
겨를 없이 바삐 자라 무성한
초록은 이제 막을 내리고

다시금 안녕을 전하려 해
조금은 불안하겠지만

우리 가장 아름다울 때
헤어질 준비를 하기로 해
이별마저 선명하도록
처음 피어나던 봄처럼
더 짙은 색으로 물들어
다시 한 번 우리, 안녕
우리 가장 아름다울 때
헤어질 준비를 하기로 해
이별마저 선명하도록
처음 피어나던 봄처럼
더 짙은 색으로 물들어
다시 한 번 우리, 안녕

1차 단상 쓰기

3강 강의 후에 달라진 단상 쓰기 (비교하기)

① 색채 상징 :

② 시간의 상징 :

③ 상징을 사용한 단상 재구성 :

3) 수필로 단상 쓰기

　수필은 문학 중에 가장 대중적인 글쓰기의 하나이다. 독자들이 부담 없이 접할 수 있고, 글의 가속성이 빠른 글의 종류이기도 하다. 요즘은 블로그나 SNS에 자신의 일상을 사진과 글로 올리며 많은 사람과 공유하고, 이건 하나의 개인 채널로 이용되고 있다. 이러한 추세는 1인 출판사라는 기획을 형성해 냈다. 작가만 글을 쓰고 출판하는 시대가 아니라는 것이다.
　이런 현상은 독자의 수용자 역할에 변화를 가져왔다. 오롯이 자신만의 세계관을 보여줄 수 있는 '에세이 쓰기' 열풍을 불러왔다. 특히 수필은 독자가 직접 공급자가 되는데 용이한 분야이다. 그만큼 형식이 자유롭고 자신이 경험을 통해 느꼈거나 평소에 가진 단상들을, 어떤 구속성을 갖거나 제한 없이 쓸 수 있기 때문이다. 다양한 소재와 자신의 개성을 살릴 수 있는 풍부한 구성이 매력적이고 다만 문학의 한 종류로 문학성과 예술성은 반드시 갖춰야 한다.
　무형식이라고 해서 형식이 없는 것이 아니라, 눈에 보이지 않으나 수필만이 지닌 '구성'이 있다는 것이다. 요즘 글쓰기가 유행하면서 포토 에세이, 일러스트 에세이, 컬러 에세이 등 글보다 많이 실린 사진, 그림들이 더 도드라지는 경우가 많다. 문학을 하는 사람으로서 안타까움을 느낀다. 문학은 유행이 아니다. 좋은 글을 쓰고 싶다면, 제대로 된 수필을 우선 많이 읽기를 권장한다. 정해진 글쓰기 규범이 없다고 하여, 중구난방의 어수선한 글이나 시처럼 너무 함축된 글을 쓰는 것은 수필이라 하기 어렵다.

　수필은 형식은 없으나 그 안에 따르는 규칙적인 질서가 있고 자신이 드러내고자 하는 주제가 물 흐르도록 자연스러운 정성이 느껴지도록 써야 한다. 삽입된 오브제에 기대는 것이 아니라, 글로써 자기 고백을 심미적이고 철학적인 사색으로 표현해야 한다. 이를 위해 일기, 편지, 감상문 등으로 평소 무겁지 않게 습작을 즐길 줄 알아야, 자신만의 색 있는 글쓰기를 할 수 있다.

다음 제시하는 수필을 읽고 떠오르는 단상 쓰기

수필 1 - 소재 : 일상

나의 비밀 정원

　가을, 나무, 바람, 그 바람에서 습기가 빠졌다. 늦여름이 막 지나간 자리에 생긴 예쁜 그늘, 그 아래서 시원한 바람 맞으며 나는 눈을 살짝 감았다. 여긴 그런 곳이다.　내 마음에 스산한 공기가 들어올 때, 이유를 아는 슬픔이 자리할 때, 덧없는 분노가 나를 가득 채울 때 아무도 없는 이곳을 찾아 쉬어 간다. 정확히 내 마음이 쉬어가는 곳이다.
　호암 미술관으로 들어가는 산책로는 옆에 호수를 끼고 산으로 둘러싸

인 채 큰 뜰처럼 놓여 있다. 생긋한 풀잎과 이름 모를 들꽃, 살랑거리는 물결까지 평안을 노래하듯 자리하고 있다. 호암 미술관 안에 정원도 예쁘지만 나는 평일 낮에 인적이 드문 이 산책로를 무척 좋아해 가끔 찾는다. 호암 미술관까지 올라가는 길은 구불구불한 도로로 이어져 쉽게 찾기도 힘들지만, 봄이면 벚꽃놀이로 사랑받는 장소이기도 하다.

그 외에 날들은 주말을 제외하고 사람이 많지 않아 홀로 시간을 보내기에 흡족하다. 특히 늦여름이 지난 초가을 날씨의 이곳은 나만의 성원이 되어 알 수 없는 포만감을 느끼게 한다. 길게 늘어진 초록빛 나무들을 지나, 커다란 넓적바위 위에 앉아 한참을 산과 호수를 바라본다. 무엇보다 가장 좋은 건 나뭇잎 사이로 쏟아지는 햇살. 고개를 들고 반은 눕는 자세로 눈이 시릴 때까지 햇살을 향해 눈을 맞춘다. 그럼 가끔은 햇살 때문인지 뭔지 모를 눈물이 흐를 때도 있다. 봄볕보다 더 따사로운 가을의 햇살은 맑고, 고요하며 아늑하다. 정적 속에서 흐르는 물소리, 바람이 불러낸 청량한 나뭇잎들의 소리, 소곤거리는 새소리까지 덜 여물고 더딘 내 마음을 보듬어준다. 그리고 때론 물기어린 내 마음을 햇볕이 보송하게 말려낸다.

나의 선생님께서 내게 주신 호가 '소윤(昭昀)'인 것만 보아도 나는 햇살을 좋아하고 흠모한다. 빛날 소, 햇빛 윤. 참 곱고 예쁜 또 다른 나의 이름이다. 특히 이곳에서 느끼는 바람과 햇살은 시각이 아니라 촉각으로 더 진하게 다가온다. 나무의 흔들림도, 눈이 부신 햇빛도 살결에 닿는 부드러운 감촉으로 느낄 수 있다. 아마도 오로지 내게만 집중할 수 있는 공간이기도 하지만, 더 큰 것은 너그러운 자연이 주는 치유의 힘이 아닐까. Lucette!(밝게 눈부시게) 말없이 건네는 너의 위로, 그 안에 담긴 "괜찮아, 아무 일도 아니야."라는 속삭임, 눈을 감고 들리는 온화한 바람과 쏟아지는 햇살을 더 말해 무엇할까.

사람은 누구나 자신만의 공간이 있는 듯하다. 어떤 이는 고향을 찾아가고, 또 어떤 이는 그리운 사람을 향해 가고, 더러 어떤 이는 자신만의 고요를 찾아 같은 장소를 반복적으로 찾는다. 어쩌면 그것은 종종 산다는 것이 숨에 부칠 때이거나, 알 수 없는 생의 굶주림을 느낄 때이거나, 혹은 내가 나에게 연민을 느낄 때일지 모르겠다. 그렇게 보면 이 세상 누구의 삶도 애틋하지 않을까. 그래서 옆에 있는 사람들조차 눈치채지 못하는 각자의 허기를 채우기 위해, 그렇게 사람들은 자신만의 낙원을 찾아 떠나는 것이리라. 그리고 각자의 시간이 다 되었다 싶을 때 우리는 돌아온다. 자리했던 그곳으로.

순례자들의 여행이 그러하듯 끝없이 펼쳐진 옛 성인의 길을 따라 걷는 일은, 그 행위만으로도 믿음이 되는 시간이다. 아무 생각 없이 긴 시간을 걷는 그들은 아낌없이 주는 시간의 힘을 통해 충만함과 위로를 얻는다. 그래서일까. 목마르던 시간을 채운 뒤 일상으로 돌아와 살아내는 일은 그만큼 숭고한 일일 수도 있겠다.

결국 모두가 이들처럼 순례의 여행을 떠날 수 없기에 각자의 별빛 정원을 찾아 잠시 머무는 듯하다. 그곳에서 누군가의 안녕을 빌어주듯 내가 나에게 안녕을 묻고, 또 깊은 밤 잠 못 드는 그대를 위해 그의 달콤한 숙면을 기도하듯. 각자가 포근한 정적의 공간에서 위로의 순간을 맞이한다. 상처를 밀어낸 그 자리에 예쁜 순이 자라라 또 오늘을 살아내는 것처럼.

나도 그렇게 나의 비밀 정원에 핀 들꽃과 같이 너무 슬퍼하지도, 너무 기뻐하지도 않으며, 담담하게 흐르는 구름을 향해 말을 건넨다.

"너는 어떠니? 평안에 이르렀니?"[9]

---

9) 장현숙 외, 『그대라서 좋다, 토닥토닥 함께』, 2021, p.241~244

수필 2 - 소재 : 여행

내 여행의 시퀀스(sequence)

눈이나 모래 따위로 인해 시야가 심하게 제한되어 모든 것이 하얗게 보이 현상, 방향과 거리를 가늠할 수 없는 이 현상을 '화이트 아웃' 이라고 한다. 3년 동안 몸이 아팠던 내가 모든 삶이 넘쳐버린 채, 고통스럽고 절망적인 시간을 보낸 그 시간들이 꼭 그러했다. 그러나 가늠할 수 없어 절대 빠져 나올 수 없을 것 같던 긴 터널을 지나, 나는 천천히 몸에 생기를 찾았고, 아주 어렵게 일상으로 돌아왔다.

몸이 회복된 뒤 3년의 공백은, 내게 변화를 가져 왔다. 그 동안 사유했던 모든 것들을 새롭게 정의하기 시작하면서, 그 변화는 새로운 일에 도전을 부추겼다. 2013년 그 해, 겁이 많아 엄두조차 못 냈던 운전면허를 취득한 뒤, 오매불망 1년을 기다렸다. 운전 경력이 1년 이상이 되지 않으면 렌트를 할 수 없는 교통법규 때문이었다.

1년이 지나고 가장 먼저 한 일은 '혼자 여행을 가는 일' 이었다. 나에게 육지와 멀고, 바다를 건너는 섬, '제주도'는 무척 매력적인 곳이었다. 온전히 '나의 시간', '나의 공간' 에서 자유롭게 자동차 여행을 즐기는 일은, 내 버킷리스트 첫 번째에 당당히 오른 일이었다. 그래서일까. 렌트를 하기 위해 또 기다려야 했던 1년은 사방에서 꽃망울이 터지듯 설레고 행복했다. 그 후로 1년에 한 번씩 '제주도 홀로 여행' 을 실천하고 있으니, 그야말로 운전면허 취득은 신의 한수였다. 치유와 회복의 공간으로, 서먹하지도 낯설지도 않은 곳에 다다를 수 있으니 이 무엇과 바꿀 수 있을까.

제주도 여행을 자주 하다 보니 나만의 루틴이 생겼다. 사람들이 많이 찾는 관광지를 피해 조용하고 은밀하지만, 내 마음을 부르는 곳을 향해 발걸음을 재촉한다. 무엇보다 '안도 다다오'와 '이타미준'을 좋아하는 내게 제주도에 있는 그들의 건축물은 성지와도 같다. 비범한 아름다움을 가진 그들의 건축물이 그러하지만, 세계적인 건축가로서 자리를 잡기까지 축적된, 두 사람의 삶에 대한 이야기가 아주 짙게 담겨 있기 때문이다. 학력도 국적도 그들이 꿈꿔 왔던 세계를 구현하는 일에는 문제가 되지 않았다. 오히려 곳곳에 묻어 둔 그들의 진심이, 보는 이에게 감흥을 넘어 위로를 전하니 말이다.

제주도에 도착해서 숙소로 가기 전, 가장 먼저 들르는 곳이 있다. 이타미준이 지은 '방주교회'. 나의 제주도 여행의 시작은 이곳에서부터 시작된다. 사실 이곳은 차가 없으면 오르기 쉽지 않은 곳에 고즈넉하게 자리하고 있어, 갈 때마다 사람이 붐비는 번거로움을 겪지 않는다. 아는 사람들만 오게 되어 생긴, 숨은 공간의 매력이랄까. 입구를 들어서는 순간,

교회 앞마당에 가득 찬 초록빛을 배경으로 교회 예배당 겉모습이 정말 물에 떠 있는 방주를 연상케 한다. 정면에서 보면 목재로 만든 지붕의 정교함은, 신앙을 떠나 모든 이들에게 압도하는 따뜻함을 선사한다.

무엇보다 계절마다 다른 모습에 보는 즐거움이 다르다. 지붕 위에 소복한 눈이며, 노을을 휘감은 황홀한 정경이며, 보랏빛 소담한 수국과 가을 억새의 기막힌 춤사위, 특히 푸른 잔디와 예배당을 비추는 물결이 일렁거리는 봄날이 되면 꽃들의 달콤한 향으로 가늑하나.

방주교회를 떠올리면 '수국'이 가장 먼저 생각난다. 어느 해인가, 교회 뒷마당에 연한 하늘빛으로 탐스럽게 핀 수국 속에 파묻혀, 사진을 찍는 내내 만개한 미소를 짓던 나를 잊을 수 없다. 쉽게 떠날 수 없는 그 자리에서 한 번, 성스러운 예배당에서 또 한 번, 나는 나의 여행의 첫 기도를 이곳에서 드린다.

내 키에 두 배가 넘는 높은 문을 열고 성가가 울리는 예배당 안으로 들어간다. 일요일을 제외하고 개방한 예배당 안에는, 조용히 기도하는 몇몇의 사람이 보인다. 대부분에 관광객은 예배당 밖에서 사진을 찍느라 분주하지만, 나는 이 공간에서 즐길 수 있는 평안과 묵상이 더 즐겁다. 소박하다고 느껴질 만큼 정갈하고 고요한 내부는 내 여행의 시작을 응원하고 끝을 위로한다. '다시 일어설 수 있을까'라고 수없이 되물었던 지난날을 뒤로하고, 비로소 나는 햇살 가득한 이곳에 앉아 있다. 그리고 마침내 입술로 그리게 된 '감사'는 지금까지 내 여행의 오랜 테마가 되고 있다. 자기 삶에서 스스로 빛을 구하기 위해서는 '기다림'이 필요하다. 때로는 참된 순간을 위해서 모든 것을 내려놓고 잠깐 멈출 줄도 알아야 한다. 그래서 고통스러운 날들을 지나 자신 안의 그늘을 걷어내는 일이란, 가치 있고 용기 있는 일일 것이다. 그리고 온전히 나에게 몰입하는 순간, 멀리 보이는 '빛'과 마주할 수 있게 된다.

시퀀스(sequence), 건축에서 말하는 순서와 배열이라는 정의의 이 말은 어쩌면 우리 인생의 모든 순간의 시작을 의미하는지도 모르겠다. 찬란한 감동을 얻기까지 거쳐야 하는 삶의 과정이 그러하듯, 내 여행의 시작이 평안을 향한 기도가 되듯이, 내 여행의 시퀀스는 어두운 방에 불을 켜는 것과 같다. 고요하게, 눈부시게. poco a poco(서서히, 조금씩).[10]

---

10) 앞의 책, p249~255.

수필 3 – 소재 : 음악

하지만 제가 당신에게
가장 듣고 싶은 말이기도 하죠
But mostly what I need from you

박혜성[11]

우연히 들은 노래 한 곡이 먼지가 뿌옇게 덮인 상자를 연다. 노래가 단서가 되어 이야기를 불러오는 것이다. 내게도 그런 노래가 있다. 별 볼일 없다 여겼던 순간들이 노래 한 곡으로 인해 특별해진다. 노래에 담겨 있는 순간들, 노래에 스며들어 있는 추억들 덕분이다. 빌리 조엘의 〈Honesty〉를 따라 부르는 어떤 날에는 열세 살의 나의 하루를 불러내 보고 싶다.

내가 다닌 중학교는 3년 내내 치마를 입어야 하는 보수적인 학교였다. 말이 교복 자율화였지 매일매일 치마를 입는 일은 보통 괴로운 것이 아니었다. 일주일에 한 시간 있는 무용 시간은 더 심각했다. 얇은 헝겊으로 만든 무용 치마에 스타킹을 신고 무용 슈즈까지 갖춰야 했다. 남들보다 발이 크고 볼이 넓어서 큰 사이즈의 슈즈를 신어도 뒤뚱거리는 것 같은 느낌은 정말 별로였다. 아무튼 워낙 몸치인 나는 무용이라는 말만 들어도 알레르기가 생길 것 같은데 이래저래 특별한 경험을 한 셈이었다.

무용 수업에서 의상만큼이나 난처한 일은 교실부터 무용실까지의 이동이었다. 평소에 꽁꽁 싸매어 두었던 튼실한 다리를 드러낸 채 교실이 있는 4층부터 무용실이 있는 지하까지 가야만 했다. 틈날 때마다 거울을

---

11) 국립한밭대학교 교양학부 출강

들여다보던 사춘기 시절에 누군들 다리를 다 드러내 놓고 당당하게 갈 수 있겠는가. 우리는 어떤 누구도 마주치지 않기를 바라며 그야말로 바람의 속도로 달렸다. 반쯤은 날았다는 표현이 맞을 것 같다. 하지만 아무리 서둘러도 도중에 선생님들을 안 만날 수는 없었다. 그럴 때마다 총각 선생님들은 오히려 고개를 푹 숙이고 지나가는데, 중년의 여선생님들은 우리를 놀려대기 일쑤였다. 평소의 왈가닥 같은 모습과는 다르게 유난히 수줍음을 타며 과장된 모습으로 달음박질치는 제자들이 선생님들의 눈에는 우스웠을 것이다.

지하에 있는 무용실은 한여름에도 냉기가 돌고 꿉꿉한 냄새마저 났다. 그럼에도 불구하고 한 가지 좋은 점이 있다면 답답한 교실을 벗어날 수 있다는 사실이었다. 무용실은 다른 곳과 동떨어져 있어 아무에게도 간섭을 받지 않는 자유로운 공간이었다. 선생님이 수업에 들어오시기 전 짧은 순간이지만 우리들은 지하가 떠나가도록 소리치며 떠들었다.

남다른 카리스마를 자랑하는 무용 선생님은 들어오시자마자 별다른 말도 없이 빨간색 카세트의 플레이 버튼을 누르셨다. 그 앞에서 우리들은 금세 순한 양이 되어 몇 가지 동작을 했다. 사실 무용이라고 할 것도 없는 스트레칭 수준에 불과한 것들이었다. 팔을 쭉 뻗어 머리 위로 높이 올려주거나 벌어지지 않는 다리를 최대한 늘려주는 가벼운 동작들이었다. 노래는 몇 번이나 반복되었고 말없이 동작에 열중하다 보면 이마엔 땀방울이 송골송골 맺히기 시작했다. 그쯤 되면 무용실에도 기분 좋은 온기가 돌고 불쾌한 곰팡이 냄새도 어느새 사라졌다.

이때 흘러나오던 노래가 〈어니스티〉였다. 〈어니스티〉에 맞추어 무용을 하는 동안 덩달아 내 몸과 마음도 편안해지는 것이 느껴졌다. 내 속의 불편함과 구속, 어설픈 분노와 열등감 같은 부정적인 감정이 사라지면서 어느새 위로받는 기분이 되었다. 싫다고만 생각했던 무용 시간은 뜻밖의 감정을 선사했다. 몸을 움직이는 일이 내 몸과 마음을 차분하게 했다. 노래의 가사를 제대로 알아들을 수 없었지만 유난히 반복되는 어니스티라는 단어만큼은 내 귀에 쏙쏙 들어 왔다.

Honesty is such a lonely word
Everyone is so untrue
Honesty is hardly ever heard
But mostly what I need from you
솔직함이란 단어는 참 외로운 말이에요
진실한 사람을 찾아보기도 어려워요
솔직함이란 참 듣기 힘든 말이에요
하지만 제가 당신에게 가장 듣고 싶은 말이기도 하죠

빌리 조엘은 음유시인이라는 별칭이 있다. 이제는 자신만의 음악 세계로 한 획을 그은 완성형 가수가 되었다. 빌리 조엘이 부른 〈어니스티〉에는 젊은 날의 고뇌가 잘 나타나 있다. 잔잔하게 시작해서 열정적으로 고조되어가는 멜로디에는 그의 이러한 심정이 고스란히 녹아 있다. 나는 사색적이고 철학적인 책들을 도서관에서 곧잘 빌려 읽곤 했다. 나이에 어울리지 않는 책을 빌리면서 사서 선생님으로부터 오해를 받기도 했다. 이제 와 생각하면 우습지만 당시에는 인생과 삶에 대해 많은 고민을 했다. 서른 살의 빌리가 부르는 〈어니스티〉를 다 이해할 수 없었지만 그의 정서만큼은 내게도 전해지지 않았을까. 묘한 동질감도 느끼면서 말이다.

나는 앞으로 이 노래를 일부러 찾아 듣지는 않을 생각이다. 어느 날 우연히 선물처럼 듣게 됐을 때의 설렘을 간직하고 싶기 때문이다. 또 그런 날이면 여느 때처럼 추억의 골목골목을 신나게 걸어보고 싶다.

수필 4 - 소재 : 인연

국적 너머 닿은 마음,
꽃같이 예쁜 나의 어린 벗에게

유미애

어느 날, 길을 갈 때였어. 네가 그랬지. "언니를 만난 건 나에게 행운이에요. 언니처럼 따뜻하고 좋은 사람을." 나는 너의 마음을 알면서도 겸연쩍어 "갑자기 뭐야, 왜 고백을 해?"라고 되레 물었어. 뭔지 모를 슬픔을 뒤로하고 말이지.

우리는 그렇게 만났어. 한국으로 온 25살의 중국 유학생. 처음 강의실에서 인사를 나눌 때, 중국 사람인가 싶을 정도로 유창한 한국어와 동그랗고 하얀 얼굴, 더 동그란 눈, 초록빛 웃음을 지닌 작고 가녀린 너를 만났어.

무슨 생각이었을까. '혼자 유학 온 저 친구가 집으로 돌아갈 때까지 내가 잘 보살펴줘야지'. 지금 생각해도 알 수 없는 그 마음으로 너를 만나 벌써 4년이 다 되어가는 것 같아. 그러나 내가 생각한 것보다 너는, 씩씩하고 독립성도 강한 친구였어. 혼자 척척 알아서 잘도 했으니까. 공부도 아르바이트도 심지어 연애까지도 무엇이든 최선을 다해 즐기며 하더라. 그리고 한국을 너무 사랑하는 아이.

오랜 기간 '친구'를 만들지 않았던 나에게, 푸른 바다를 지고 밀물처럼 밀려온 너는, 나에게 그렇게 왔지. 다른 이들은 국적과 나이를 훌쩍 넘은 우리의 우정을 신기해한다만, 마음으로 꽃피운 우리만의 시간을 그들이 어찌 알까. 서로를 이해하지 못해 기다려야만 했던 처음까지도.

그걸 눈치챈 분도 계셨지. 교수님께서 나를 보며 "서로 좋은 인연이야."라고 짧게 말씀하셨는데, 무수한 말들로 지어낼 수 없는 꽃밭을 내게 주셨어.

박사 과정 초창기 때 너를 만나, 지금 나는 졸업을 하고 모든 과정이 끝이 났지만 아득해서 길었고, 적막해서 어두웠던 시간 속에 너는 늘 함께 있었어. 어느 날은 내 손가락에 정성 어린 예쁜 꽃물을 들여 주었는데, 그럴 때 너의 머리를 한 번쯤 쓰다듬어 주고 싶다가도, 나는 또 멈칫하곤 했지. 바람이 오면 그대로 두었다가 가라던 어떤 시인의 말처럼, 나 또한 진한 고마움을 뒤로 안고 말없이 앉아 있었어.

어느 날은 두려움에 떠는 나를 향해 달려오고, 또 어떤 날은 생채기 난 내 마음에 손을 얹어 주고, 또 어떤 날은 허기진 내 배를 채워주고. 어느 날인가는 집에 다녀오더니 "언니가 보고 싶었어요."라고 수줍게 말했지. 그렇게 생각과 감정에 솔직한 너를 보며, 나는 또 배운다. 처음 만난 고집쟁이 꼬마 아가씨는 4년이 지난 지금, 너무 멋진 어른으로 성장해 가고 있어.

들꽃처럼 씩씩하고 단단한 너는 어느덧 달빛처럼 고요하고, 꽃과 나무의 생기를 더한 밝음을 가졌지. 문득 너의 가을도 궁금하다. 아직은 봄빛의 청춘을 옆에 달고 숱한 색들이 빛나지만, 그 계절이 지나 진하고 진한 가을의 오솔길을 걷는, 너의 모습을 말이지. 불꽃처럼 뜨겁고 깊은 바다같이 고요한 청춘이길 응원해. 너의 모습을 옆에서 지켜보던 나는, 너를 통해 내 마음의 풍경을 하나 닮았어. 완전하지 못해도, 그렇게 될 거라고 나를 변함없이 응원하던 너의 마음으로 말이야.

네가 공부를 마치고 집으로 돌아가는 그 날, 우리에게 찾아올 이별. 물론 우리의 인연은 앞으로도 '함께'라는 사실을 알지만, 세상에 영원한 건 없다는 걸 이미 나는 알아. 네가 중국에 돌아가도 나는 슬프지 않을 거야. 그저 긴 세월 속에 아주 오래 기억될 한여름 밤의 꿈처럼 즐거웠어 아죽아!

　드라마 속 한 대사가 생각나. '어쩌다 넌 내게 와주어 너의 할 일을 다 해주었기에' 내 마음속 감쳐둔 선물을 주고 싶어. 손을 내밀어봐. 이 상자에 무엇이 담겨 있는 줄 아니? '감사'

　그렇게 오래오래,

2020년 어느 가을날, 너의 두 손에

석사 논문을 준비하는 아죽이

한국 뮤지컬을 함께 본 날

수필 5 - 소재 : 인연

세상에 단 하나,
나의 꽃 피는 아몬드 나무에게

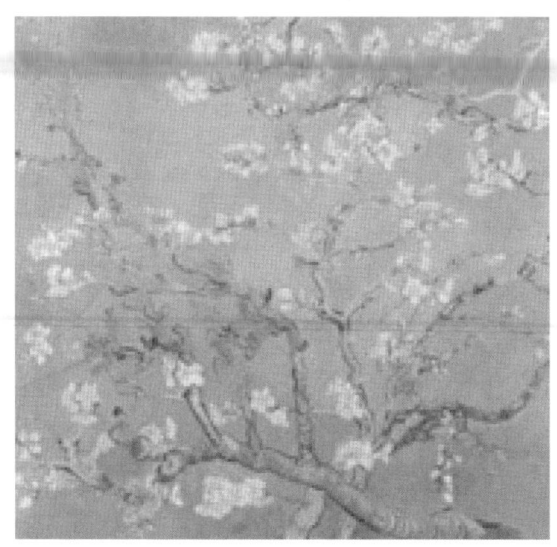

빈센트 반고흐, 꽃 피는 아몬드 나무, 1890/유화

몇 해 전, 고모는 제주도 여행에서 널 닮은 그림을 보았단다. '고흐'라는 세계적인 화가가 있는데, 그가 그린 '꽃 피는 아몬드 나무'를 보게 된 거야. 맑고 청아한 파란 하늘을 배경으로 흐드러지게 핀 하얀 아몬드 꽃들이, 꽃망울을 터트리듯 소담하게 캠퍼스를 가득 채운 그림이었어. 영상까지 더해 전해지는 '고흐'의 적막하고 쓸쓸한 삶이 애잔하면서도, 보는 내내 '아몬드 나무' 그림에서 마음이 떠나지 않았단다.

전시회장을 나와서 발견한 그 그림이 작은 액자에 담긴 것을 보았는데, 어찌나 고모의 마음을 한껏 끌어당기던지, 왜 그랬을까. 너를 향한 고모의 마음이 그곳에 닿았을까? 아니면 나를 향한 너의 마음이었을까? 하늘거리는 액자를 구입해 소중하게 담아 갤러리를 나오는데 자꾸만 웃음이 세어져 나오는 거 있지. 그때 마침 널 닮은 따스하고 달콤한 노을을 보았어. 그 순간 알 수 없는 감동이 밀려오는 것은, 무엇보다 '고흐'가 '아몬드 나무'에 그려낸 조카를 향한 깊은 사랑을 공감했기 때문일 거야.

그렇다면 '꽃 피는 아몬드 나무'의 그림에 대한 이야기가 궁금하겠지?

'꽃 피는 아몬드 나무' 그림은 실제 고흐가 자신의 조카가 태어났을 때, 축하의 의미로 조카에게 선물로 그린 작품이라고 해. 내가 한참을 '아몬드 나무' 그림 앞에 서 있으니 점원이 와서 친절히도 설명을 해주더구나. 그 이야기를 듣고 어찌나 신기하던지. 당시 여섯 살이었던 우리 은서를 너무너무 예뻐하던 고모에게 아몬드 나무 그림은 이루 말할 수 없이 설레는 그림이었어. 그림 속에 담긴 일화를 알지 못하는데도, 가는 발걸음을 오래 붙든 이유를 알게 되는 순간이었지.

실제 2월은 남부 프랑스에서 봄을 알리는 '봄의 전령사'인 아몬드 나무의 개화기란다. 아마도 고흐가 활짝 핀 아몬드의 하얀 꽃잎들을 보면서, 막 태어난 조카를 향한 자신의 벅찬 마음을 그렸을 것이 분명해. 우리 은서 생일이 2월 9일인 것을 생각하면 이 그림과 고모는 운명적인 만남이었던 것 같아. 봄에 대한 기대와 설렘이 가득한, 네가 태어난 달이니 말이야. '꽃 피는 아몬드 나무' 속에는 고흐가 지닌 조카의 탄생에 대한 주체할 수 없는 기쁨이 가득 차 있어. 고모가 우리 은서를 맞이할 때와 같은 마음이겠지? 물론 많이 성장한 열 살의 은서도 너무너무 예쁘고 사랑스럽단다.

무엇보다 티끌 하나 없이 아몬드 나무를 받치는 파란 하늘의 배경은,

'조카의 눈동자'를 표현한 것이라고 하더라. 조카의 눈동자가 새파란 하늘처럼 맑고 투명한 것이라 짐작돼. 파란 눈의 아기. 어쩌면 우리 은서의 커다랗고 깊은 눈동자를 닮지 않았을까? 이따금씩 고모가 가끔 하늘을 쳐다보는 것도 같은 이유에서란다. 작고 귀여운 아기 천사가 고모 곁에 와주어서 내가 기쁘듯이 고흐도 그랬을 거야. 그 기쁨이 캠퍼스에 듬뿍 채워져 있어, '꽃피는 아몬드 나무'는 곧 우리 은서가 되고 말았지.

너는 생각나니? 웃음기 없이 앉아 있던 내게 조용히 다가와, 귓속말로 속삭이던 너, 아기 천사의 말을 잊지 못해.

"고모, 모두 잘 될 거야."

일곱 살이었던 아가에게 들었던 상상도 못했던 위로에, 고모는 눈물을 글썽이며 너를 꼬옥 안아주었지. 아직 초등학교도 들어가지 않았던 은서가 무슨 뜻으로 한 말인지 정확히 알 수는 없지만, 고모가 웃지 않으니 힘을 주고 싶었던 같아. 너의 예쁜 말이 너무 기특하고 감동적이어서 몇 년이 지난 지금도 잊을 수 없단다.

할머니와 할아버지, 고모까지 우리 은서를 너무너무 예뻐하지만 그중에서도 가장 고모가 좋다고 말하는, 너의 꼬물거리는 입술은 연두빛 잎사귀를 닮았어. 더욱이 너의 티 없는 미소는 봄의 전령사다운 화사함을 가지고 있지. 그 언젠가 나를 작은 가슴으로 안아주었듯, 앞으로 많은 날을 함께할 우리 은서에게 마음 가득 축복과 응원을 보낸다.

세상에 단 하나, 나의 꽃 피는 아몬드 나무 은서야, 고모 곁에 와주어 고맙고 이루 말할 수 없이 많이많이 좋아해. 건강하렴.

가을빛 고운 10월 어느 날, 고모가 작은 천사 은서에게 쓴다.[12]

---

12) 유미애 외, 『그대라서 좋다, 토닥토닥 함께』, 2021, 푸른사상, p.245~248

수필 6 - 소재 : 일상

엄마의 기도

정승아[13]

"집에서 엄마랑 놀고 싶어." 큰아이가 신발을 신으러 가면서 이렇게 이야기 할 때가 있다. 종종 이렇게 같은 말을 하면서 아이는 어린이집으로 가는데, 나는 이상하게도 이 말을 들을 때마다 가슴이 시려온다. 아이가 막상 어린이집에 가면 누구보다도 잘 뛰어논다는 것을, 나는 알고 있다. 종일 집에 있으면 오히려 졸졸 따라 다니면서 "엄마, 재미있는 거 하자. 재미있는 거 없어?"라고 물을 거라는 것도 알고 있다. 하지만 "집에 있고 싶어."라고 말하고 아이가 등원하는 날에는, 집에 있고 싶다는 아이를, 나 편하자고 억지로 어린이집에 보내는 건 아닌지, 아이가 돌아올 때까지 나는 생각하게 된다.

나는 큰아이를 임신하고 좋다는 육아서적을 거의 다 읽었다. 꼼꼼히 읽지 않은 탓인지 몰라도 하루도 궁금한 게 생기지 않는 날이 없다. 아이가 태어나고 초반에는 잠을 거의 못 잤다. 물론 그 당시에는 모유 수유를 했고 아기의 수면 패턴이 잡히지 않을 시기였기 때문에, 두 시간에 한 번씩 수유를 하고 기저귀를 갈아야 했다. 하지만 나는 생후 백일이 지나고 아이가 7~8개월이 되어도 잠을 제대로 못 잤다. 본격적으로 아이에게 맞는 문화센터 수업을 검색했고, 아이가 개월 수에 맞는 발달을 하고 있는지, 내가 무엇을 아이에게 해줘야 하는지, '아기 행동 발달표'를 살펴

---

13) 가천대학교 일반대학원 국어국문학과 현대소설 박사 과정

보느라 밤을 보냈다.

　나는 밤마다 아이와 관련된 정보들을 극성스러울 정도로 검색했다. 아이에게 실수하고 싶지 않았다. 아이 아빠는 육아에 관심을 두지 못할 정도로 생업에 바빴고 아이는 몸이 불편했다. 아이가 태어나고 산후조리원에서 나오던 생후 17일쯤에 병원에서 '사경 소견서'를 받았다. '사경(斜頸)'은 머리가 한쪽으로 기우는 질환으로 목과 가슴 부위를 연결하는 근육인 흉쇄유돌근의 섬유화로 인해 발생한다고 한다. 아이가 태어났을 때부터 오른쪽 목에 작고 단단한 멍울이 만져졌다. 섬유화된 멍울을 그대로 방치하면 아이가 성장하면서 근육을 잡아 자라는 것을 방해한다고 한다. 그렇게 되면 머리가 오른쪽으로 기우는 현상이 생기게 된다고 의사는 말했다.

　생후 한 달이 되던 때에 집 근처 대학병원에서 '우측사경진단'을 받았고 소아 사경으로 유명하다는 대학병원 진료를 받기 위해서 한 달 이상을 기다려야 했다. 그리고 섬유화된 오른쪽 근육이 부드러워질 수 있도록 더 단단해지지 않도록 일주일에 한 번씩 운동치료와 전기치료를 받으라는 진단을 받았다. 담당의사는 아이가 심하지 않지만 정상으로 돌아오기까지 얼마나 걸릴지 알 수 없다고 했다. 그리고 정상 범위 안에 들어오더라도 성장하면서 어떤 변화가 일어날지 장담할 수 없단다.

　지금도 의사의 차분하지만 단호했던 표정만은 또렷이 기억이 난다. '사경'의 원인은 여러 가지가 있는데 정확히 밝힐 수 없다는 게 의사의 소견이었다. 의사는 아기가 태어날 때 난산으로 인한 외상일 수도 있고, 태중에서 머리의 위치 때문에 근육에 상처가 났을 수도 있다고 했다. 그러면서 어머니의 잘못은 아니라고 했지만 나는 나의 잘못으로 아이가 이렇게 된 것만 같아 자책감이 든다.

　아이 앞에서 나는 한 번도 울지 않았다. 아이는 엄마의 표정을 보고

자란다는 이야기를 어느 책에서 보았기 때문이다. 잠든 아이 옆에서 품고 있던 열 달을 하루하루 되짚어 보았다. 무엇 때문이었을까, 어디서 잘못된 걸까. 수도 없이 반복해서 생각했다. 내가 했던 행동, 먹은 음식들, 심지어는 했던 말들, 품었던 마음들까지 다시 되짚었다. 꼭 내 잘못만 같아 아이에게 미안해 견딜 수 없었다.

본격적으로 치료가 시작되었다. 운전 못 하는 나는 친정어머니와 함께 아이를 안고 일 년 가까이 운동치료를 받으러 다녔다. 산질히 기도히면서. 그 노력의 결과로 근육의 강도가 정상 범위 안에 들어왔다는 소견을 받을 수 있었다. 목과 어깨를 붙잡고 하는 운동이어서 그런지 몰라도 지금도 아이는 머리를 묶으려고 하거나 머리를 쓰다듬는 행동을 아직도 싫어한다.

아이를 키우는 일은 이제 시작이다. 나는 육아 교육을 어디서 배운 적도 없다. 그래서 아이 둘을 키우는 일은 여전히 힘들고 어렵다. 밤새 아이가 무엇 때문에 아프게 되었을까 되짚는 일은 나에게도 아이에게도 아무런 도움이 되지 못한다는 사실을, 나중에야 비로소 깨닫게 되었다. 앞으로도 아이들을 키우면서 그렇게 되짚을만한 사건은 비일비재하게 일어날지도 모른다. 아이는 내 바람과 다르게 자랄 수 있다는 것을 잊지 말아야 한다. 중요한 건 엄마인 내가 최선을 다해 노력하고 있다는 점이다. 그리고 아이에 대한 나의 사랑이 나의 길잡이가 되어줄 거라 믿는다.

아이의 치료는 아직도 끝나지 않았다. 근육이 잘 자라는지, 만 3세까지 관찰해야 한다고 한다. 아이는 이제 30개월이 되었고, 2020년 11월 5일, 다행히 검진결과는 좋았다. 내년에 한 번만 더 보고 이제, 그만 와도 된다고 의사선생님은 말씀하셨다. 이제 나 스스로 자책하지 말고 희망과 용기로 아이를 돌보아야겠다고 다짐했다. 그리고 아이들이 잘 자랄 수 있도록 주님께 기도드린다.

수필 7 - 소재 : 여행

자유로웠던 시간, 일 년간의 보스턴

정승아

　　2007년, 나에게 일 년이라는 시간이 주어졌다. 어머니께서 지나가는 말로 "어학연수를 갔다 오는 게 어때?"라는 말을 건넸다. 나는 그 길로 유학원 상담을 받았다. 대부분의 것을 결정하고 부모님께 연수 자료를 보여드렸을 때 "너 정말 갈 거야?"라는 말을 몇 번이나 들었는지 모른다.

　　준비는 빠르게 진행되었고 2007년 4월 14일 오전 10시 미국 애틀랜타를 경유해서 보스턴으로 가는 비행기에 올랐다. 그때까지 나는 유치원 때 제주도 가는 비행기를 타 본 게 전부였다. 외국에 가 보는 것도 처음인데, 그것도 혼자 가야 한다니. 날짜가 다가올수록 두려웠다. 대한항공에서는 만 5세 이상 ~ 만 16세 이하를 대상으로 '비동반 소아 서비스'를 제공한다. 목적지까지 가는 동안 기내에서 잘 지내는지 살펴봐 주고 환승 하게 되면 중간 터미널에서 환승 하는 것도 동행해서 도와주는 서비스이다. 애틀랜타 공항의 환승은 복잡하고 내게 주어진 시간은 적었다. 초행길인데다 급하게 움직여야 하는 두려움 때문에, 나는 '비동반 소아 서비스'까지 신청하였다. 기내에서 승무원이 정말 본인이 신청하신 게 맞느냐고 물어 약간 쑥스러웠지만, 덕분에 수월하게 환승 할 수 있었.

　　보스턴의 4월은 아프리카 우기처럼 비가 쏟아진다. 누군가의 말처럼 'Mayflower'의 오월이 오기 위한 준비인 것처럼 어둡고 축축했다. 학교 기숙사에 도착하여 오리엔테이션을 끝내고 배정받은 방은 작은 침대와 책상, 옷장이 전부인 1인실이었다. 3인실 배정을 원했지만 빈 방이 없어 일주일간 1인실을 써야 했다. 방문을 열고 나가는 순간 영어가 시작되었다. 부엌과 화장실 그리고 거실을 함께 사용하는 아파트 형식의 기숙사였기 때문이다. 비는 일주일 내내 계속되었고, 나의 짧은 영어는 문장이 되어 나오지 못하고 입안에서 맴돌았다.

아무도 내가 어떤 사람인지 아는 이가 없었다. 겉으로 보이는 성별이나 국적 정도만 알뿐 이름, 나이, 직업, 성격 등 나에 대한 어떠한 정보도 갖지 못한 사람들과의 간헐적 만남이 지속되었다. 나는 짧은 영어로 스스로를 설명해낼 능력도 없었다. 설사 내가 설명한다고 해도 궁금해하는 사람도 없었다. 그렇게 아무도 나를 알지 못하고 또 아무도 나에게 관심이 없다는 것이 나를 자유롭게 만들었다.

연수지를 보스턴으로 결정한 데에는 몇 가지 이유가 있었다. 우선 보스턴에는 유명 대학이 많아 미국 다른 지역보다 대중교통 시스템이 잘 되어 있고 학생 또한 많은 도시이기 때문이다. 두 번째는 미국의 독립전쟁 같은 역사적인 사건들이 시작된 곳이어서 나의 호기심을 자극했다. 마지막으로 하버드 대학에 한국학 연구소가 있다고 들었기 때문이었다. 사실 한국학 연구소 홈페이지에 있는 이메일주소로 여러 번 방문 요청을 했지만 한 번도 방문하지 못한 일은 아직도 아쉽다. 이러한 이유들로 가게 된 보스턴은 내 인생의 큰 부분으로 자리 잡고 있다.

처음 갔던 대학은 시내와 떨어져 있는 곳이었다. 근처에 숲이 있었고 주택가의 상점들은 작고 아기자기했다. 그리고 얼마 안 되어 옮긴 Boston University는 중심가 쪽이어서 늘 사람이 많고 활기가 있었다. 그 대학교에는 다양한 나라 사람들과 함께 하는 프로그램들이 많았다. 학교를 옮기면서 거처도 옮겼는데 다행스럽게 보스턴 공공 도서관 옆의 아파트였다. 방 한 칸을 빌려서 함께 지내는 집이었지만 도서관 옆에 있고 아파트 경비가 안전해서 편하게 지낼 수 있었다.

나는 골목길을 좋아한다. 처음 들어서는 골목에서 느끼는 설렘과 두려움까지. 때때로 학교 수업이 끝나면 해가 질 때까지 걸었다. 일회용 필름 카메라를 들고 골목골목을 다시 못 올 사람처럼 걸어 다녔다. 팬웨이 파크에서 야구경기를 실제로 처음 보았고, 숲속에서 열리는 탱글우드 뮤직 페스티벌도 다녀왔다. 저녁에는 종종 버클리음대 학생들의 공연이 있었다. 지인을 따라 몇 번 갔다가 재즈 피아노에 빠져서 한동안 버클리에서 재즈 피아노를 배우기도 했다.

물론 현지의 직접적인 생활을 통하여 영어 실력이 서서히 발전해가고 있었다. 매일 끼니 걱정을 해야 했고 빨래며 청소, 관공서에 갈 일들이나 학교 시험, 서류제출 등 해야 할 일들이 틈틈이 있었다. 함께 사는 가족에게 유치원생 남자아이가 있었는데, 가끔 그 아이를 돌보는 일도 했다. 그리고 주일마다 나가는 한인 교회에서 이민 3-4세 자녀들을 위한 한글학교 일을 도왔다.

나는 낯선 땅에 있는 동안 '내가 지금 하고 싶은 건 뭘까'에 초점을 맞추었다. 상대방을 배려하는 적당한 거리 안에서 누구의 눈치도 보지 않았다. '정승아는 이런 사람이니까 이렇게 행동할 거야', '이렇게 말할 거야'라는 시선에서 자유로울 수 있었다. 그리고 버릴 것은 버리고 좋은 것은 채우면서 새로운 나를 만들어나갔다. 오롯이 나에게 집중할 수 있는 시간들이었다. 재미있는 사실은, 지난날 그렇게 애를 쓰며 좋은 관계를 유지하려고 보았던 타인들에 대한 눈치를 내려놓고, 진정한 나를 보여줬을 때, 더 좋은 알곡 같은 인연을 만날 수 있었다는 점이었다. 보통의 여행은 건물이나 지명, 장소로 기억되는데 나에게 보스턴 시절은 사람으로 기억된다. 지금도 잊히지 않는 장소들 속에는 늘 사람과의 기억이 함께 있다.

어느 외진 길을 걸으며 받았던 전화 한 통, 갑작스럽게 연락이 닿은 사람과 만났던 공원, 누군가와 함께 먹었던 타이 음식, 우연히 만난 중학교 동창과의 뉴욕 여행. 나는 사람을 놓았고, 또 사람을 얻었으며, 진정한 나를 찾았다. 그 시절의 나는 누구보다 자유로웠다. 오월의 만발한 꽃, 허리까지 내리던 겨울의 눈, 몇 시간을 걸어도 끝이 없이 나오는 새로운 골목, 언어로 인한 많은 실수까지도 나를 자유롭게 만들었다.

이제 2020년의 끝자락에 서 있는 내 세계의 중심은 내가 아니라, 두 아이가 되었다. 이제 내가 아니라 두 딸이 자유롭기를 바란다. 아이들이 사람들의 시선으로부터 매이지 않고 각자의 길을 걸어 나아갈 수 있다면, 그게 내가 자유로울 수 있는 또 다른 하나의 방법일 것이다. 아이들은 나의 분신과 같은 존재들이므로.

4) 퇴고의 실재

글을 쓰는 것만큼 퇴고 과정은 매우 중요하다. 비문이나 띄어쓰기, 맞춤법 등 흔히 우리가 말을 하며 줄여 왔던 구어체를, 문어체로 한 번에 제대로 완성하기란 쉽지 않은 일이다. 이건 프로 작가도 한 번에 할 수 없다. 작가일수록 퇴고 시간에 훨씬 더 공을 들인다. 인쇄되어 나온 문장을 보며 조금이라도 덜 후회하고픈 마음일 것이다. 그리고 그것이 작가인 자신과 독자를 향한 가장 큰 배려이기에, 절대 쉽게 넘길 수 없는 부분이다.

습작하는 과정에서 퇴고를 얼마큼 했는지에 따라 글의 완성도는 확연히 달라진다. 아랫글은 실제 학부생이 쓴 초본이다. 그리고 담당 교수에게 피드백을 받은 내용을 그대로 옮겨 두었다. 원작자가 표현하고 싶었던 말을 어떻게 수필 형식으로 가져오는지, 그 과정을 배우는 일에 도움이 될 것이다.

늦은 봄이었다 (원본)

황민서[14]

나는 ENTJ이다. 어느 날, ENTJ의 이상형이라고 적혀 있는 SNS 게시물을 보게 됐다. 나도 나를 잘 모를 때가 많은데, MBTI를 만든 사람은 이미 나를 간파한 게 분명하다. 내 이상형은 내가 먼저 다가갈 때까지 기다릴 줄 아는 사람. 내게 어설픈 플러팅(Flirting)은 의미도 없고, 오히려 역효과만 날 수 있다. 또, 불호가 강하고 밀당을 좋아하지 않는다. 인간

---

14) 가천대학교 한국어문학과 졸업

적으로 내게 존중할 수 있는 모습을 보여야 한다. 퍼주는 건 좋지만, 너무 심한 경우 부담스러움을 느낄 수 있다. 하하. 눈치챘는가? 연애할 마음이 없다는 소리이다. 설명에 무성애자가 많다고도 하더라. 그렇다. 나는 살아 움직이는 얼음이었다. 얼굴에 문제가 있는 것은 아니다. 이 점을 꼭 짚고 넘어가야겠다. 게다가, 번호를 달라는 사람도 있었다. (자랑할 거리가 하나는 있다)

불과 몇 년 전, 내 이상형은 '의지' 할 수 있는 사람이었다. 시련이 찾아와도, 같이 흔들리지 않을 사람. 그런 사람을 찾다 보니, 동갑보단 연상 쪽으로 눈이 갔다. 역시 한두 살 많은 게 다르긴 다른가 보다…. 는 개뿔. 깨어나 보니 어항이었다. 분명히 투명한 바다였는데, 아무리 헤엄쳐 앞으로 나아가려 해도 제자리였다. 어항을 깨버리고 싶었지만, 그냥 조용히 풀쩍 뛰어올라 내려왔다. 하. 내리쬐는 햇볕이 이렇게 따가울 줄이야. 살갗이 아팠다. 의지하고 싶어, 고민이든 마음이든 다 내려 보여주었던 지난날이 주마등처럼 흘러갔다. '힘들었겠다', '괜찮아'. 공감의 가면에 속아 넘어가고 말았다. 달콤한 떡밥을 꿀떡 삼켜버린 자신이 원망스러웠다. 어떻게 만든 내 비늘이었던가. 반짝반짝 윤이 나는 비늘이기에, 어떤 공격에도 강할 줄 알았는데. 혼자만의 착각이었다.

어항에서 간신히 빠져나온 뒤, 다시 바다로 헤엄치기란 좀처럼 쉬운 일이 아니었다. 오른쪽. 왼쪽. 방향을 틀고 시선을 돌릴 때마다 멈추게 된다. 한번 갇혔던 물고기는 어느 방향으로 가야 할지 잘 모른다. 온몸을 떨며 간신히 그 자리에 머물 뿐이다. 그물에 낚여 또다시 어항에 들어가지 않으려는 작은 발버둥이라고 할 수도 있겠다. 헤엄이라기보단. 음. 그냥 떠 있는 거지. 아가미가 없이 바닷속에 갇힌 느낌이랄까. 물에 잠긴 귀와 눈은 먹먹해져 쓸데없는 소리와 감정을 차단한다. 나쁘진 않았다. 고요하고 조용한 느낌. 오히려 좋았다.

그렇게 난 꽤 오랫동안 잠수 중이었다. 혼자 헤엄치는 방법을 익힐 때까지. 어느새 1년이라는 시간이 흘렀고, 나는 혼자인 것에 완벽하게 적응했다. 연애는 무슨 연애. 혼자 있는 삶이 너무 편안하고 좋았다. 나만의 루틴. 나만의 방식. 나만의 휴식. 모든 게 다 '나'를 위한 것들이었다. 혼자 지내는 시간이 행복하고 소중해서 누가 들어오는 게 싫었다.

그때, 웅- 웅- 고요한 바닷속에서 작은 물결이 느껴졌다. 저 멀리 물고기 하나가 헤엄치고 있었다. 신경이 쓰였다. 그의 행동이, 그의 생각이 나와 너무 닮아서. 자꾸만 신경이 쓰였다. 어느새 나는 그의 주위를 맴돌고 있었다. 덜컥. 또 나는 좋아하는 감정이라는 걸 너무 쉽게 가져버리고 말았다. 가려는 마음을 멈추려 몇 번을 뒤돌았는지 모른다. 내 마음인데, 내 생각대로 되지 않는 게 말이 되나. 에라이. 모르겠다. 내 마음이 향하는 데로 가자. 나는 그냥 내 마음을 따라가기로 했다. 어디서 그런 용기가 나왔는지 알 수 없다. 그저 적극적으로 표현하고 싶었다. 허허. 그런데 이게 웬걸. 사랑은 타이밍이라고 했던가. 내가 좋아하는 사람이 나를 좋아하고 있을 확률이… 몇 프로라고 했더라. 아무튼 그 적은 확률이 맞아떨어졌다. 그렇게 나는 커플이 되었다. 커플. 커플이라니…. 단어부터 너무 생소하고 어색했다. 갑자기 너무 잘 되니 그가 수상하기도 하고. 괜히 이곳이 어항은 아닐까 싶어 재빨리 헤엄쳐보기도 했다. 그는 그런 나를 묵묵히 기다려줬다. 흐지부지 끝났던 이들과는 비교도 안 될 만큼, 그는 내게 확신을 주는 사람이었다. 상처라는 게, 참 신기하다. 사람 때문에 받은 건데도, 사람 덕분에 치유하게 된다.

그렇게 내 바닷속에도 봄이 찾아왔다. 겨울이 지나면 봄이 온다. 흩날리는 벚꽃을 보면, 그런 생각이 들곤 했었다. 저렇게 활짝 피면 금방 지고 말텐데. 저들은 자신이 금방 진다는 사실을 알고 있을까. 내가 벚꽃이라면 어차피 져버릴 거. 온 힘을 다해 피어나려 하지 않을 텐데. 얼마 전까지만 해도 그런 생각이 들었는데. 요즘은 자꾸 무모한 마음이 생긴다. 언제 질지 그리고 언제 다시 필지 모르지만, 한껏 만개하는 벚꽃처럼. 나도 만개해 볼까. 하는 그런 무모한 마음. 그런 마음이 나에게도 찾아왔다. 늦은 봄이었다.

★ 퇴고 전 원작의 느낌을 자유롭게 써 보세요.

늦은 봄이었다 – 수필이기 때문에 음악의 제목이나 소설,
　　　　　　　 시의 제목을 차용해도 상관없음.

봄 안녕 봄 (수정본- 교수자 피드백 포함)

→ 말랑한 글을 쓸 때 글씨체를 일부러 바꿔 써도 도움이 됨. 그리고 음악을 좋아한다면 수필의 정서에 따라 음악을 들으며 하는 것도 매우 도움이 됨. 이건 일반 레포트나 논문이 아니기에 직관적인 것이 아닌 감성이 매우 중요한 글임. 수필이란 글로 나 혼자 보는 일기가 아니라, 독자와의 공감을 불러일으키는 글을 쓰고 싶다면 한 번 시도해 보세요.

모난 마음을 그려 본다.
미숙한 감정에 색이 더해지기 시작하면
나는 나를 기다린다.
여리고 담담하게.

→ 이런 인트로를 써보세요. 조금 더 막막하게^^

서론 – 내가 무엇을 이야기할지 앞에서 전체적인 주제나 정서를 던져 주기!

  ENTJ. 열정적이고, 단호하고, 지도력과 통솔력이 있다는 삶의 유형을 지닌 나는, 정말 그렇다. 내가 하는 모든 일이 사람을 부르고 그로 인해 함께 무언가를 이루며, 마지막엔 그것이 어떤 결과이든 그들과 함께 나누고 있으니 말이다. 이걸 세월의 속도라고 해야 하나? 아니면 사람들의 마음의 거리를 하나로 모으기 위한 신호일까? 사람들 마음 속에 숨은 색깔까지도 하나로 모아 규정을 하는 것을 볼 때, 나는 알 수 없는 기시감을 느낀다. 그렇다 한들 나는 '이건 아니야'라고 말할 수는 없다. 사실은 그만큼 나 역시 '사람'은 매우 중요하고, 내 곁을 내주고 그 곁을 지켜주는 누군가를 기다리고 있으니 말이다.

→ 수필은 무형식이지만 기본적인 글쓰기의 단계. 내가 얘기하고자 하는 도입 부분이 있어야 자연스럽게 본문의 내용을 공감시킬 수 있음. 쓴 글에는 도입 부분이 정확하게 나누어지지 않고 바로 본문을 시작하고 있음.

본론 – 여기선 자신의 경험을 직접 써도 좋고, 아니면 이렇게 비유를 통해서 써도 좋아요.

그러나 독자가 이해하고 공감할 수 있게 맥락을 생각하며 비유나 상징을 사용해야 해요. 이건 시가 아니죠. 직접 겪은 경험이 소재가 되는 글이기 때문임. 아무래도 수필을 정식으로 배워 본 경험이 없고 지도해 주시는 분이 없어서 더 어려웠을 거예요. 나도 학부 때 생각하면 진짜 수필을 제대로 배워보면 소설보다 더 어려웠던 것 같아요. 무형식 속에 형식이 있어야 하기 때문이지요. 무엇보다 본론에서는 제목을 정한 주제에 대한 구체적인 서술이 필요하죠. 대신 일기나 편지가 아니기에 감성을 더하되, 문맥이 맞아야 함.

어느 날 늦은 봄...문득 내 옆에 서 있는 한 사람을 만났다. 봄이 되어 내 곁으로 온 그를 만나기까지 내 세계는 아련한 물속을 어설프게 헤엄치는 아주 작은, 그저 혼자인 나였다. 깊이를 알 수 없는 검고 검은 바닷속에서 숨조차 제대로 쉬지 못해, 기댈 곳도 없는 물고기. 그것이 나였다면 그게 맞다. 당연히 아가미조차 없는 나는, 물에 잠긴 귀와 눈이 먹먹해져 모든 것을 들을 수도 볼 수도 없었으니. 광활해서 더 두려웠던 바닷속으로 드리워진 햇살의 그림자도, 까만 세상에 나를 품어주는 달빛의 품도, 외로운 나를 위해 속삭이던 별빛도. 모두 가늠할 수 없었다.

그런데 이상했다. 오히려 그 고요한 정적 속에서 스스로 자유롭게 유영할 수 있을 때, 나는 비로소 그 평안을 즐겼다. 어둡고 깊은 곳에서 숨을 쉴 수 있을 때까지, 고독한 고요를 즐기며 나만의 쉼을 가졌다. 내 옆을 지키며 유유히 따라오는, 날 닮은 물고기를 뒤로하고, 그렇게 나만의 바닷길을 찾아다니며 즐거워했다.

그러다 여전히 홀로인 내게 어느 날 작은 물결이 스쳤다. 문득 바닷길을 찾아 숨을 크게 들이쉬며 뒤를 돌아보니, 나와도 너무 닮은 '너'를 만났다. 아직은 까만 밤인데, 아직은 차가운 겨울인데, 날 보는 너의 따스한 눈빛을 보고야 말았다. 다른 이에게 절대 내어주지 않던 내 마음에, 작은 물결이 큰 파도가 되어 내게 흘러 왔다. 그리고 잊고 싶었던 지난 날 상처가 다 아물었는지, 나를 살피는 그를 향해, 나는 조금씩 다가가고 있었다. 다정하게 건네는 너의 손, 나란히 걷는 너의 걸음, 나의 안부를 묻는 너의 세심한 배려까지. 그가 말하는 모든 말은 내게 의미가 되었고, 내 마음을 묵묵히 기다려주는 그에게 나의 작은 손을 이윽고 건넸다.

결론- 서론과 본론을 정리하는 것도 좋고, 이렇게 나의 경험에 대한 결론을 제시해도 좋아요.

그렇게 내 바닷속에 봄이 찾아왔다. 늦은 봄 어느새, 안녕을 전하는 벚꽃을 안타까워하던 내가. 어차피 떨어질 거라면 나는 너처럼 최선을 다해 꽃을 피우지 않을 거라고. 다문 입술을 더 힘을 주어 부질없는 다짐을 했던 나에게. 이제는 나도 그에게 다정한 안부를 묻고, 넌 내게 얼마나 예쁜 사람인 것을 아냐고. 너로 인해 내 세상은 만개하는 벚꽃으로 물들었다고. 드디어 무모한 용기를 가질 수 있는 사람이 되었다고. 무엇보다 날 발견해주어서 고맙다고. 그렇게 인사를 건넨다. 봄 안녕 봄!

★ 수정 전과 후에 글의 차이를 분석해 보세요.

봄 안녕 봄(수정본)

모난 마음을 그려 본다.
미숙한 감정에 색이 더해지기 시작하면
나는 나를 기다린다.
여리고 담담하게.

　ENTJ. 열정적이고, 단호하고, 지도력과 통솔력이 있다는 삶의 유형을 지닌 나는, 정말 그렇다. 내가 하는 모든 일이 사람을 부르고 그로 인해 함께 무언가를 이루며, 마지막엔 그것이 어떤 결과이든 그들과 함께 나누고 있으니 말이다. 이걸 세월의 속도라고 해야 하나? 아니면 사람들의 마음의 거리를 하나로 모으기 위한 신호일까? 사람들 마음 속에 숨은 색깔까지도 하나로 모아 규정을 하는 것을 볼 때, 나는 알 수 없는 기시감을 느낀다. 그렇다 한들 나는 '이건 아니야' 라고 말할 수는 없다. 사실은 그만큼 나 역시 '사람' 은 매우 중요하고, 내 곁을 내주고 그 곁을 지켜주는 누군가를 기다리고 있으니 말이다.

어느 날 늦은 봄...문득 내 옆에 서 있는 한 사람을 만났다. 봄이 되어 내 곁으로 오 그를 만나기까지 내 세계는 아련한 묵속을 어설프게 헤엄치는 아주 작은, 그저 혼자인 나였다. 깊이를 알 수 없는 검고 검은 바닷속에서 숨조차 제대로 쉬지 못해, 기댈 곳도 없는 물고기. 그것이 나였다면 그게 맞다. 당연히 아가미조차 없는 나는, 물에 잠긴 귀와 눈이 먹먹해져 모든 것을 들을 수도 볼 수도 없었으니. 광활해서 더 두려웠던 바닷속으로 드리워진 햇살의 그림자도, 까만 세상에 나를 품어주는 달빛의 품도, 외로운 나를 위해 속삭이던 별빛도. 모두 가늠할 수 없었다.

그런데 이상했다. 오히려 그 고요한 정적 속에서 스스로 자유롭게 유영할 수 있을 때, 나는 비로소 그 평안을 즐겼다. 어둡고 깊은 곳에서 숨을 쉴 수 있을 때까지, 고독한 고요를 즐기며 나만의 쉼을 가졌다. 내 옆을 지키며 유유히 따라오는, 날 닮은 물고기를 뒤로하고, 그렇게 나만의 바닷길을 찾아다니며 즐거워했다.

그러다 여전히 홀로인 내게 어느 날 작은 물결이 스쳤다. 문득 바닷길을 찾아 숨을 크게 들이쉬며 뒤를 돌아보니, 나와도 너무 닮은 '너' 를 만났다. 아직은 까만 밤인데, 아직은 차가운 겨울인데, 날 보는 너의 따스한 눈빛을 보고야 말았다. 다른 이에게 절대 내어주지 않던 내 마음에, 작은 물결이 큰 파도가 되어 내게 흘러 왔다. 그리고 잊고 싶었던 지난 날 상처가 다 아물었는지, 나를 살피는 그를 향해, 나는 조금씩 다가가고 있었다. 다정하게 건네는 너의 손, 나란히 걷는 너의 걸음, 나의 안부를 묻는 너의 세심한 배려까지. 그가 말하는 모든 말은 내게 의미가 되었고,

내 마음을 묵묵히 기다려주는 그에게 나의 작은 손을 이윽고 건넸다.

그렇게 내 바닷속에 봄이 찾아왔다. 늦은 봄 어느새 안녕을 전하는 벚꽃을 안타까워하던 내가. 어차피 떨어질 거라면 나는 너처럼 최선을 다해 꽃을 피우지 않을 거라고. 다문 입술을 더 힘을 주어 부질없는 다짐을 했던 나에게. 이제는 나도 그에게 다정한 안부를 묻고, 넌 내게 얼마나 예쁜 사람인 것을 아냐고. 너로 인해 내 세상은 만개하는 벚꽃으로 물들었다고. 드디어 무모한 용기를 가질 수 있는 사람이 되었다고. 무엇보다 날 발견해주어서 고맙다고. 그렇게 인사를 건넨다. 봄 안녕 봄!

5) 시로 단상 쓰기

★ 다음 제시하는 시를 읽고, 떠오르는 단상 쓰기

강물의 노래

시/그림 김삼주[15]

누가 이
흐르는 마음을 막을 것인가

둑은 나날이 높아지고
둑 너머 집들은 더 높아지고

---

15) 가천대학교 한국어문학과 명예교수, 『푸른 수화』로 2002년 한국농민문학상, 제14회 편운문학상 특별상을 수상했다.

내 길 좁히고 또 좁혀 오지만
좁으면 좁을수록
흐르는 마음은 더욱 깊어지는 법
깊으면 깊을수록
흐르는 마음은 푸르러지는 법
들판을 달리던 그 많은 길
잃어도 좋다

손바닥만 한 하늘 이고
관처럼 흘러가는 길
하여 더욱
깊고 푸르게 네게로 직행하는
이 설레임
고요의 그 품안
깨지 않는 깊은 잠
찾아가는 길

누가 이
외줄기 마음을 막을 것인가

바람

시/그림 김삼주

영원이라는 말이 없다 그 마을엔
하늘이 영원이고
산이 영원이고
강이 영원이고

하늘에서 와서 하늘로 가는 바람
산에서 와서 산으로 가는 바람
강에서 와서 강으로 가는 바람
바람이 하늘이고
바람이 산이고
바람이 강이고

너에게서 와서 너에게로 가는 바람
바람이 너이고
바람이 마을이고

영원이라는 말이 없다 그 마을엔
네가 영원이고
마을이 영원이고

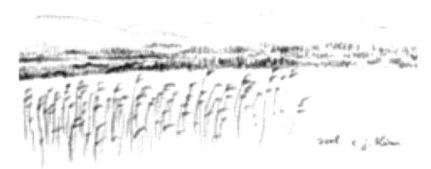

기다림

시/그림 김삼주

저 눈부신 오월의 공기 같은
기다림은 아름답다
라일락 향기가 되어
문간을 넘어서는
투명한 기다림은 아름답다
마냥, 기약도 없이 그저
네 이마를 찾아 떠도는
공백空白의 바람
설령 그것이 네게 닿기도 전
꽃비 속에 스러진다 할지라도
라일락 향기가 되어
길을 더듬는
기다림의,
이 투명한 비어 있음은
아름답다

제 3 강

아는 만큼 보인다
- 상징분석 레시피 -

1. 문학적 상징의 연관성

　문학을 읽는 독자들이 하나의 문학 작품에서 미학적이고 시적인 감동의 경험을 살펴보면, 그 감동은 저자의 생애나 가치관 등의 지식과 전혀 무관함을 알 수 있다. 독자가 작가에 대한 배경지식을 알지 못해도 충분히 자신의 경험을 빌어 공감할 수 있거나, 새로운 세계를 간접적으로 체험함으로써 흥미롭게 즐길 수 있기 때문이다. 바슐라르의 상징론사(象徵論史)에서 말하는 문학 사상은 작품을 창조한 작가의 상상력의 독자성을 강조함으로써 작품의 본질을 작가의 전기적인 상황에 초월적인 것으로 여긴다.[16]

　그러나 상상력의 현상학은 이미지의 현상을 분석하는 행위를 기반으로 한다. 독자 개인의 의식 속에서 창조된 이미지는, 작품에 대한 깊을 고찰을 낳아 같은 작품일지라도, 다양하고 풍성한 작품의 주제를 만들 수 있다. 선행 연구들이 이미지와 상징을 연구 유형에 맞게 쓰는 이유도 여기에 있다.

　우리들의 삶에 대해 독자적인 영역으로 상정될 수 있을 듯한 상상력은 문학과 예술의 심미적 체험이 기실 우리들의 삶을 지배하여 이끌어 갈 수도 있다는 것, 그 본질적인 차원에서 우리들의 삶에 바로 닿을 수도 있다는 것이다. 상징 → 심상으로서의 이미지 → 사물화된 언어로서의 이미지를 통해,

---

16) 가스통 바슐라르, 곽광수 역, 『공간의 시학』, 2003, 東文選, p. 7~9

언어의 사물화에서 문제 되는 언어 자체의 환기성을 확신으로써 알아보고, 상상력에 기반을 둔 자기의 언어철학을 비로소 만들 수 있다.[17]

1) 대표적 오브제 활용법

문학 속에서 상징이 활용된 구체적인 예는 이미 2-1강에서 '문학 속에서 찾는 이미지와 비유와 상징'을 통해 배웠다. 3강에서 이야기하는 대표적 오브제란 문학적 상징 해석 시, 같거나 유사한 의미로서 이미지의 현상학 행위를 일컫는다. 앞에서 배웠듯 한국 현대 문학에서 많이 다루는 소재 가운데 하나가 '모성에 대한 고찰'이다. 곧 우리의 존재는 어머니의 모체 속에서 시작되며, 이는 무의식 속에 침잠되어 있다.

상상력의 궁극성은 공간의 시학이란 이미지의 현상학을 통해, 공간의 '모성'을 대표하는 오브제를 만든다. 이는 반드시 집, 서랍, 상자, 장롱, 새집, 조개껍질 등 내밀할 수 있는 공간의 이미지들과 상관 관계성이 있어야 설득력을 지닌다. 말하자면 우리들의 상상력이 불러온 안온함과 거소로서의 원형적 공간으로 파악하고, 인간의 삶과 무의식을 내포한 '모성의 공간'이 독자적으로 적용된다. 따라서 장소분석이란 우리들의 내면적인 삶의 장소들에 대한 조직적인 심리적 연구라 하겠다.[18]

---

17) 위의 책, p.19~21
18) 위의 책, p.11

모성을 나타내는 공간

오브제 종류	개별 공간의 상징적 표현	공통의 상징적 의미
서랍과 장로	인간 최초의 세계, 요람, 피난처 누구에게나 열리지 않는 공간, 내밀한 공간, 집 전체를 보호하는 질서	모성 상징
상자	내밀성 차원의 무한성	
새집	원초적 이미지, 어린 시절로 되돌려 줌	

2) 색채의 상징

사물에 담긴 색채의 상징은 색에 대한 막연한 느낌을 더 구체화 시켜준다. 그러나 일반적으로 사람들은 색채가 암시하는 바를 잘 알지 못한다. 반면 문학에서는 물론이고 인간의 무의식을 다루는 정신분석학에서도 색에 상징성을 부여한 사례들을 다수 찾아볼 수 있다.

선행 연구에 따르면, 색과 감정의 관계는 우연이나 개인적인 취향의 문제가 아니라 일생을 통해 쌓아가는 일반적인 경험, 어린 시절부터 언어와 사고에 깊이 뿌린 내린 경험의 산물이다. 그러므로 색과 감정의 관계는 심리학적인 상징과 역사학적인 전통에 근거를 두고 있다.[19]

인간의 감정은 수시로 변하기 때문에 매우 다양하다. 색은 시각적인 감각에서 그치는 것이 아니라, 인간의 심리를 분석할 수 있는 기술적 수단을 뛰어넘는다.[20]

특히 문학에서 대다수 작가는 색채를 많이 사용하여 묘사하고, 연구자들은 그 의미를 해석해 작품의 주제를 도출한다. 색깔은 식별이 가능한 것, 가

---

19) 에발 헬러, 이영희 역, 『색의 유혹 1』, 예담, 2002, 서문에서
20) 위의 책, 서문에서

시적인 것, 다양성, 빛의 확증을 상징한다. 동시에 비가시적인 것을 상징하는 것에는 인간의 내면을 다룬다.

대중매체나 문학에서 비중을 많이 차지하는 대표적인 여덟 가지 색의 상징적인 의미를 살펴봄으로써, 색에 따른 인간의 내면은 물론 시대적 정서까지 넓게 포함하는 색채의 세계를 알아보자.[21]

많이 사용되는 색채

NO.	색깔	색의 의미
1	빨강	활동적인 남성원리, 불, 태양, 피, 복수, 초자연적인 힘, 성스러움
2	녹색	젊음, 희망, 인생무상, 질투, 번영, 평화, 생명과 죽음을 동시에 의미
3	노랑	낙관, 친절, 지성, 직관, 신앙, 선, 빛, 가벼움
4	검정	어둠, 죽음, 죽은 자에 대한 애도, 원초의 암흑, 절망, 슬픔, 비애, 속박의 어두움
5	흰색	미분화 상태, 초월적인 완전성, 순수함, 정결, 여성 원리, 속죄
6	푸른색	진실, 지성, 지혜, 충성, 경건, 평안, 냉정, 여성 원리(바다의 색), 세례
7	보라색	지성, 지식, 종교적 헌신, 신성, 겸허, 절제, 참회, 애도, 노년, 죽음, 비련, 비통
8	회색	중성, 죽은 자에 대한 애도, 환멸, 겸손, 참회, 혼의 불사(不死)/수도사의 몸을 가리는 색

3) 숫자의 상징

문학에서 '아이러니'는 인간의 삶을 다루는 데 윤활유 역할을 하는 중요한 부분이다. 이는 주로 수를 통해 형상화된다. 수에는 추상적인 개념은 없지만, 수는 진실하다. 그래서 우리가 평소에 알지 못하는 수의 내면을 통해

---

21) 진 쿠퍼, 이윤기 역 『그림으로 보는 세계 문화 상징 사전』, 1994, 까치글방, p.74

들여다보는 문학은, 그동안 봐왔던 다른 방식의 접근이다. 수는 문학뿐만 아니라 음악의 리듬이나 조형미술의 비율과도 깊은 관계를 지닌다.

연금술적 철학에서 수의 세계는 즉 이성의 세계이다. 수는 단지 양적인 것만이 아니라 상징적 성질이기도 하다.[22]

나라마다 다르고 종교에 따라 이상적인 수의 상징이 다르다. 영화나 드라마에서 서사 전개에 사용된 특정 수의 의미는, 작가가 실현하고자 하는 주제와 연관성 있다. 문학 역시 작중인물의 내면이나 사건 중심의 상징과 연관된 수를 정한다.

이는 수가 가지는 상징적 성질을 객관적으로 이용하고 극을 전개함으로써 서사의 설득력을 불어넣는다. 마치 수수께끼나 큐브를 맞추듯 청자나 독자 스스로 추측해 나가면 극의 재미가 더해진다. 실제 소설 속에서 사용된 특정 수의 상징적 의미를 알아 작품 분석을 하면 작가의 의도를 알아내기는 그리 어려운 일이 아니다. 0~9까지 수가 내포한 상징적 의미를 알아보자.[23]

---

22) 앞의 책, p.233
23) 위의 책, p.232~248

수의 상징적 의미

NO.	일반적 의미	국가/종교적 의미
0	비존재, 무無, 영원한 것, 질이나 양을 초월, 비현현非顯現	불교- 공空, 무無 기독교- 무한의 빛
1	태초의 시작, 본질, 모든 가능성의 총합, 원초의 통일	중국- 양陽, 남성, 하늘 기독교 – 하느님, 신성神性
2	둘의 교체, 차이, 갈등, 안정, 정적靜的인 상태	중국- 음陰, 여성, 지상 불교- 윤회, 남과 여, 맹인과 절름발이, 지혜와 방법 기독교- 신성, 인간성을 겸비한 예수
3	창조력, 통합, 표현, 처음과 끝을 모두 포함, 하늘·땅·바다로 이루어지는 세계의 3중성	불교- 삼보三寶(불교를 구성하는 세 가지 기본 요소/불佛,법法,승僧) 기독교- 삼위일체, 혼, 인간과 교회의 영육간의 결합, 예수에게 바치는 세 가지 선물(유향, 황금, 몰약), 성혼의 숫자
4	공간적 구조, 질서, 동적과 반대되는 정적인 상태, 정의	불교- 마음의 네 가지 방향(4무량심 無量心)/안락을 베풀다, 다른 사람의 고난을 덜다, 중생의 기쁨을 기뻐함, 평등하게 대하는 마음) 기독교- 육체의 숫자, 신중, 용기, 절제
5	소우주로서의 인간, 성혼性婚, 명상, 종교, 섭리	불교- 보편성, 중심, 부동不動, 보석, 연蓮, 확실한 성공 기독교- 타락 후에 인간의 모습, 십자가의 다섯 개 점, 예수의 다섯 개의 상처, 모세 오경
6	평형, 조화, 사랑, 건강, 아름다움, 기회, 행운	기독교- 완전, 완성, 우주 창조
7	대우주, 완전, 전체성, 영적인 것과 세속적인 것의 덧없음을 모두 포함하는 제일 작은 숫자, 완성, 안식, 풍부	불교- 상승의 숫자, 시공을 초월 우주축 기독교- 안식, 천지창조의 일곱 번째 광선, 회개
8	이니시에이션(통과제의)의 일곱 단계, 낙원의 회복, 재생, 부활, 지복	불교- 완성상태, 모든 가능성 기독교- 신생, 재생
9	완성, 성취, 달성, 처음과 끝, 전체	불교-지고의 영적인 힘, 완전 수 기독교- 종교적으로 상징체계에서 9는 자주 등장하지 않음.

4) 시 · 공간의 상징

우리가 존재하는 모든 순간은 시간으로부터 나온다. 정신의 본원적 형태에는 시간 사이의 밀접한 관계로부터 나온다. 일상적 존재가 자리한 지속적이고 자신의 시간, 개인적이고 연대기적이다.[24] 시간은 주기적 창조이다. 새벽과 아침, 오후, 저녁, 밤, 봄, 여름, 가을, 겨울의 순환적인 시간의 개념은 생사의 주기성에 대한 원초적인 이미지를 부여한다.

영화, 드라마에서 설정된 시간과 계절, 문학 작품에서 작가가 강조하는 시간과 계절적 배경은 서사의 전개를 결정하고, 주제론적인 목적을 반드시 지닌다. 시간적 이미지를 차용하여 주제를 목적으로 두고, 이미지를 확장하려 사용한다. 인간이 무지한 세계조차도 시간의 기호 아래에서 전개되는 세계이다.

시간은 모든 것의 근원이자 창조자이다. 시간이 인간을 지배하는 것은 인간이 시간 속에서 사는 것이 아니라, 시간의 존재를 믿고 영원성을 완전히 망각하거나 거부하기 때문이다. 인간은 유한한 존재이며, 시간은 무한하여 매체와 작품들 속에서 우주적 대시간의 리듬을 현실화시키고 있다. 무엇보다 상징은 어떤 문맥에서 읽느냐에 따라 다양의 의미를 나타낸다. 시간이 지닌 상징적 의미를 알아보자.[25]

---

24) 미르치아 엘리아데, 이재실 역, 『이미지와 상징, 주술적-종교적 상징체계에 관한 시론』, 까치, 1977, p. 67~68
25) 각 시간과 계절의 상징적 의미는 앞에서 말한 두 가지 상징 사전을 교차하여 참고하였음.

시간의 상징적 의미

시간/계절	일반적 의미	종교적 의미
새벽	광명, 희망	불교- 공空, 청명한 빛 기독교- 이 세계에 빛을 가져다 준 예수의 부활과 재림
아침	천지창조의 시작, 암흑의 세계를 물리침, 노동의 시작	불교- 소생, 재생 기독교- 부활, 광명
저녁	노동과 휴식이 겹치는 시간 낮과 밤, 의식과 무의식, 몽상, 환상, 노쇠, 노년	
밤	우주창조 이전의 암흑, 재생과 이니시에이션(통과제의), 혼돈, 죽음, 광기, 붕괴, 모성	
봄	시작, 탄생, 도약, 소생, 생명, 아름다움, 청춘, 희망 삶의 덧없음, 허무	불교 - 소생 기독교 - 죽음에서 부활
여름	절정, 낙원, 축복, 성숙, 활기, 충만, 성장, 결혼, 승리, 완성	
가을	노쇠, 전락, 소멸, 고립, 비극, 생로병사, 애상, 추억, 풍요, 휴식, 결실	
겨울	혼돈 암흑, 죽음, 재생, 침묵, 소멸	

위에서 시간의 상징적 의미를 알아보았다. 시간 만큼이나 공간의 상징성은 이야기의 전개에 매우 중요한 역할을 담당한다. 2-1강에서 문학 속에서 찾는 이미지와 비유, 상징을 배우며 모성을 상징하는 대표적인 공간을 알아보았다. 장소분석이란 우리의 삶의 내면의 모습을 그대로 반영한다고 했다. 잃어버린 시간까지 압축해 간직하고 있어, 공간은 그렇게 하는 데 소용된다. 곧 인간은 잃어버린 시간을 찾으러 떠났을 때, 과거에 있어서까지도 '멈추려'고 하는 것이다. 공간은 수많은 벌집처럼 생성되고, 구멍들은 그 모든 시간을 함축해 우리들의 존재의 의미를 담는다.[26]

이 장에서는 모든 공간에 대해 다룰 수 없기에, 앞으로 거론될 작품 속에 필요한 장소들만 상징적 의미를 살펴볼 것이다. 작품 분석 시에 이 장소들이 서사의 전개 속에 어떻게 활용됐는지 세심한 관찰이 필요하다. 공간이 지닌 상징적 의미를 알아보자.[27]

공간의 상징적 의미

공간	상징적 의미
사막	황량함, 묵상의 장소, 고요, 계시가 내리는 신성한 장소, 불타는 가뭄, 순수한 금욕의 정신, 육체적·정신적 불모상태
숲	마음의 영역, 여성의 원리, 시련, 이니시에이션(통과제의), 죽음의 영역, 자연의 신비, 피안
방	외부 세계로 열려 있는 창과 다른 사람의 영역으로 통하는 문을 가진 개인의 상징 밀실 – 처녀성의 상징, 이니시에에션
주방	여성원리, 재생
거실	소통의 원리
욕실	정화의 원리, 세례
욕조	요람, 안식, 세례
하늘	모성, 성스러운 오두막(천장 중심에 뚫려 있는 공간), 영혼
바다	잠재적 가능성, 우주 만물의 원천으로서의 무덤, 새로운 생명, 모성, 순수상태로의 회귀
낚시터	수도자의 공간(기독교), 수행과 정진(불교) 물고기는 남근 상징

---

26) 가스통 바슐라르, 곽광수 역 『공간의 시학』, 東文選, 2003, p.87
27) 앞의 책, 교차 참조.

5) 미술과 음악의 상징

　문학은 종합 예술이다. 문학은 인간의 삶을 다루는 장르로, 그 안에 인간을 둘러싼 모든 매개체는 작품의 주요 소재가 되어 주제를 이끈다. 인간의 전유물인 미술, 음악, 건축 등은 작품 안에서 중요한 시퀀스가 되어, 인간의 무의식을 발현한다. 특히 미술작품이나 음악이 만들어진 배경, 화가와 작곡가의 생애는 소설 속 작중인물의 심리를 설명해 준다. 대중매체 역시 영화, 드라마 속에 소품으로 사용된 미술작품은 주인공의 내면이나 갈등 상황을 상징적으로 보여준다.

　평소 미술작품에 관심이 많다면, 주인공의 방이나 거실에 걸린 그림이 그냥 지나쳐지지 않을 것이다. 음악은 작품과 연관된 클래식, POP, 대중가요와 전통음악들이 주로 사용된다. 만들어진 연대나 곡에 얽힌 숨은 서사가 영화와 드라마 속에서 클리셰처럼 사용되어 극의 흐름을 주도하거나 중요한 키(Key)가 된다. 곧 독자와 청자로서는 자신이 아는 만큼 그 영화와 드라마를 즐길 수 있는 것이다.

　문학 작품 속에서 반복적으로 묘사되는 그림이나 작중인물이 듣고 있는 음악은 작품 분석을 통해 구체적으로 작가의 의도를 알아낼 수 있다. 마치 퍼즐을 맞추듯 역추적 해나가면, 작품을 깊고 폭넓게 이해할 수 있다.

　실제 저자가 쓴 논문의 한 일부분이다. 미술과 음악이 어떤 상징성으로 작품에 투영되었는지 살펴보자.

에두아르 마네, 풀밭 위의 점심, 1862~1863

위의 그림은 1863년 프랑스 화가 마네가 그린 '풀밭 위의 점심'으로, 남녀 두 쌍이 강이 흐르는 한적한 숲 속에서 목욕과 피크닉을 즐기는 장면이 묘사되어 있다. 특히 나체 여성이 주변 사람들 사이에서 자연스럽게 자리하고 있다는 점에서 그 당시 큰 논란을 가져왔다. 처음에는 '목욕'이라는 제목으로 전시되었다. 시대의 위선을 고발하는 작품으로 욕망과 편견을 벗어 놓고 보면 정장과 알몸, 물과 숲의 4구도 속에 양복을 입고도 풀숲에 주저앉을 수 있고 누드로 앉아 있어도 무례가 되지 않는 4인의 평안한 관계가 보인다.[28]

다음 글은 윤대녕 작가의 2007년 작 「풀밭 위의 점심」이란 단편소설을

---

28) 유미애, 『그 모든 순간, 윤대녕의 단편들』, 도서출판 등, 2025, p.200~201

분석한 내용이다. 이 소설은 미술작품의 작품명 그대로 소설의 제목을 붙였다. 위에 있는 그림과 내용의 연계성을 가지고, 어떠한 해석을 가능케 했는지 그 예시를 보면 이렇다.

이 작품에 병치되어 있는 마네의 '풀밭 위의 점심'은 세 사람의 관계와 대응되어 그들의 내면 심리를 표현하고 있다. 이들의 삼각관계는 유일하게 이 공간 안에서만 자유로워진다. 수연은 발목을 걷고 물에 들어가 발을 씻는다. 숲속의 새순이 돋아나는 나뭇가지들, 풀밭 위에 스며든 비단결 같은 빛은, 곧 정화를 통한 '재생'의 공간임을 상징한다. 특히 숲속의 스며드는 빛은 종교적인 의미로 해석이 가능하고, 불교의 경우 진리, 해방, 현세의 제약으로부터 초월을 상징한다.(중략)

수연이 옷을 벗고 '나'와 연우의 틈에 끼어 앉는 행위는, 상처를 주었던 모든 것들로부터의 해방을 의미한다. 또한 순수한 상태로 회귀만이 세속적 관계에 벗어난 그녀만의 낙원을 가능케 한다. '풀밭 위의 점심'의 명화로 재연된 수연의 낙원은 흑백사진으로 남아 그녀의 침대 위에 결혼사진처럼 걸린다. 수연은 그 "사진이 찍히던 순간으로부터 세 사람 모두 영원히 벗어날 수 없는 관계가 될 것이라 예감"하는데, 이는 수연의 커져버린 욕망과 갈등의 결과를 보여준다.[29]

이 작품은 작중인물인 '나', 연우, 수연 세 사람의 관계 회복 과정을 통해 과거의 상처를 극복하고 삶의 질서를 찾아가는 과정을 형상화한 작품이다. 작가는 이 세 사람의 관계성을 그림을 통해 직관적으로 묘사하여 작중인물의 내면을 더 깊게 다루고 있다.

---

29) 위의 책, p.200

문학 속에서 그림이 활용된 예를 보았다. 이번엔 자신의 작품을 두고 쓴 작가의 글이다. 그림과 글을 함께 보며 이 그림의 담긴 상징성을 생각해 보자.

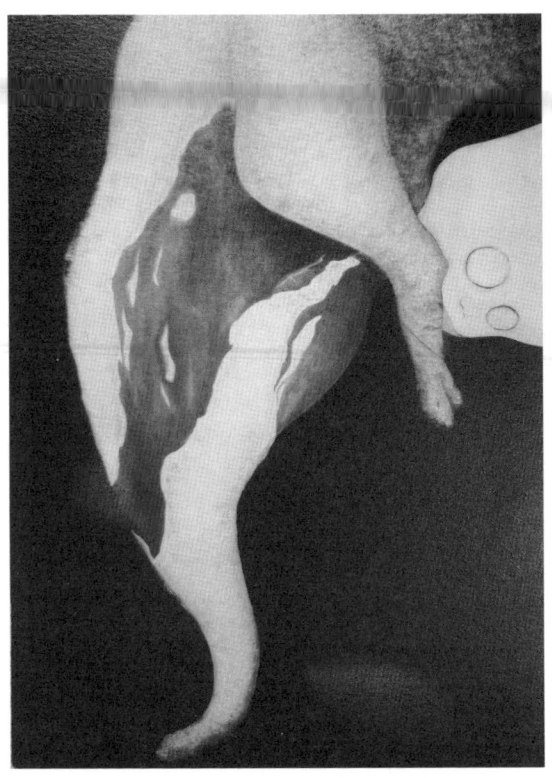

'그와 나' 90.5×130cm 장지 위에 채색 2007년작[30]

---

30) 가천대학교 일반대학원 동양학과 석사 졸업, 개인전 그림 by 지은

꿈이 형상화되다

박지은

　반복되는 악몽에서 벗어나려면 나를 이해하는 과정이 필요하다. 꿈은 '형상'이다. 각성 상태에서 사고 활동이 행해진다면, 꿈은 '지각(知覺)'에 의해 행해진다. 감각에 의한 꿈은 심적으로 낯설다. 낯섦에서 친해지려면 내면에 진정한 자아를 일깨워야 한다. 그래야만 깰 수 없을 것만 같던 악몽에서 벗어날 수 있다.

　그 악몽은 이랬다. 누군가에게 쫓겨 도망치다 보니, 어둠 속에서 한 줄기 빛이 들어오는 하수구 안에 내가 있었다. 이곳은 안전하겠지 싶었지만, 어둠을 뚫고 얼굴을 내미는 자가 있었다. "아 악!" 내 비명 넘어 보이는 그는, 화상을 입은 듯 살갗 깊이 분화구를 가졌다. 한쪽 팔은 잘린 채, 벌거벗은 몸뚱이는 굽어 있었다.

　두려웠다. 그를 피해 뒷걸음질을 쳤다. 대체 나를 쫓던 자인지, 같이 쫓기던 자인지 판단이 서지 않았다. 그가 더 가까이 다가와 말을 건다. "도와줘!" 걱정과 달리 그의 의외에 말은 그제야 그의 얼굴을 정면으로 보게 했다. 그의 몰골은 끔찍했으나 눈빛은 전혀 다른 세계의 반짝임을 가졌다. 그래서일까? 날 해치지 않을 것 같은 안도가 나를 어두운 이곳에서 그와 함께 걷게 했다.

　이 꿈을 꾼 이후부터 계속 생각났다. 그가 왜 내게 도와달라고 했을까. 화상을 입은 듯 깊게 파인 살갗, 커다란 덩치에 한쪽 팔은 잘려 위협을 주는 그의 모습에서, 발견한 선한 눈빛을 잊을 수 없었다. 그렇다면 끈질기게 나를 쫓던 악몽은 내게 고통을 주려던 것이 아닐 수도 있겠다. 어쩌면 반대로 나에게 계속 말을 걸어온 것은 아닐까.

　주저할 수 없다. '그'를 드로잉 하기 시작했다. 내 의식을 따라가는 것은 아니었으나, 자연스럽게 팔이 잘린 그의 형상은 버팔로, 혹은 '남아공에 사는 소'의 이미지로 그려졌다. 고동빛과 검은빛의 시체처럼 딱딱하게 굳어버린 피부, 뿔에서 얼굴로 내려오는 표면이 딱딱한 물질을 칼로 판 듯하고, 털이 입골을 더 덮이 나빛만 겨우 볼 수 있는 모습이다. 굽은 목과 덩어리진 몸통은 남성적이고 공격적이지만, 무언가를 주시하는 눈은 연약해 보이는 버팔로. 남아공에 사는 소. 꿈에서 만난 그의 형상은 그렇게 한 마리의 연약한 소가 되었다.

　그의 형상은 나의 그림 속, 소의 모습으로 재탄생 되었다. 석고 가루를 바른 듯 하얗지만, 연한 핑크빛의 살갗이 벗겨진 자리에 붉은 살점이 보인다. 한쪽 팔은 잘려있고, 넓은 가슴팍의 몸통은 두툼하고 꼬리처럼 생긴 하체로 버티고 있다. 간혹 그의 꼬리가 내 머리를 누르기도 하고, 성한 나머지 한 팔로 내 머리를 들고 어디론가 가고 있다. 내가 잠이 들면 전쟁터의 군인처럼 끊임없이 전진한다.

★ 작가가 자신의 작품에 대한 단상을 쓴 글이다. 여기서 말하는 '그'의 존재는 무엇일지 자유롭게 연상하세요.

POP의 가사를 사용해 작중인물의 내면을 그대로 투영한 작품도 있다. 윤대녕 작가의 2006년작 〈못구멍〉이란 작품은, 어린 시절 어머니를 여읜 작중인물 '명해'의 모성에 대한 강한 열망과 상처 회복을 소망하는 작품이다. 아랫글을 읽어보자.

생명력에 대한 명해의 갈구는 "집 구경을 가자는" 그녀의 엉뚱한 제안을 통해 구체화 된다. 호수공원이 내려다보이는 아파트 단지를 마치

신혼부부처럼 둘러보던 두 사람은, 무지갯빛 속 하얀 물줄기의 호수를 바라보며 원초적 생명력의 충일감을 느낀다. 또 공원 곳곳에서 들리는 마이클 잭슨의 'Will You Be There' 라는 가사에 '날 구원해주세요', '치료하고 정화해 주세요' 라는 내용이 포함되어 있어, 삶의 허무 끝에서 만난 명해의 치유와 구원의 시간에 대한 기대가 투영된 곡이라 볼 수 있다.[31]

---

31) 앞의 책, p.89

2. 상징이 활용된 대중매체의 실재

1) 드라마 - 노희경 작가의 '괜찮아, 사랑이야'

노희경 작가의 '괜찮아, 사랑이야'는 2014년 7월부터 9월까지 16부작으로 방영된 드라마이다. 노희경 작가는 탄탄한 대본과 인간애가 짙게 묻어나는 작품들을 만들어 방영함으로써, 많은 시청자와 마니아층이 탄탄한 드라마 작가이다.

특히 작품들의 소재나 주제를 다룰 때 판타지한 이야기를 넘어선 너무도 현실적이고 아픈 서사를, 담담하지만 애상적이고 때론 깊은 슬픔의 정서를 매우 문학적으로 그려내, 시청자들의 사이에 인생작을 만들어주는 작품들이 대다수이다. 노희경의 대본은 책으로 출판될 정도로, 어느 하나 놓칠 수 없는 기막힌 작중인물의 대사가 읽는 재미와 보는 재미 모두를 충족시킨다.

작가는 사회에서 외면당한 사람들, 경제적 빈곤이나 장애우가 처한 현실, 가족의 폭력과 현대인의 외로움 등 전반적인 사회 문제들을 정면으로 드러낸다. 동시에 자식과 부모, 사랑하는 연인, 직업 안에서 치열하게 일하는 사람들의 고충 등 정서의 보편성으로 공감을 일으킨다. 특히 따뜻하고 진심 어린 작가의 시선이 시청자들까지 보듬어 감싸는 한국의 대표적인 드라마 작가이다.

'괜찮아, 사랑이야'는 정신적인 트라우마를 안고 살아가는 사람들이 서로를 통해 치유를 받고, 원래 자신과 비로소 마주하는 과정을 그린 감성로맨스 드라마이다. 이 작품에는 노희경 작가의 여타 작품들과 다르게 상징성이 많은 작품이다. 말 그대로 아는 만큼 보이는 드라마이다.

극이 시작 주인공 '장재열'은 잘나가는 인기 추리소설가이자 라디오 DJ로, 돈과 명예를 모두 가진 인기 작가로서 겉으로는 완벽해 보이는 인물이다. 그러나 어릴 적 아버지의 가정폭력으로 생긴 트라우마로 조현병을 앓고 있다. 침대에서 절대 잠을 자지 못하면서도 환시와 환청, 특정 색깔에 집착하는 강박증을 자각하지 못한 채 일상을 살아간다.

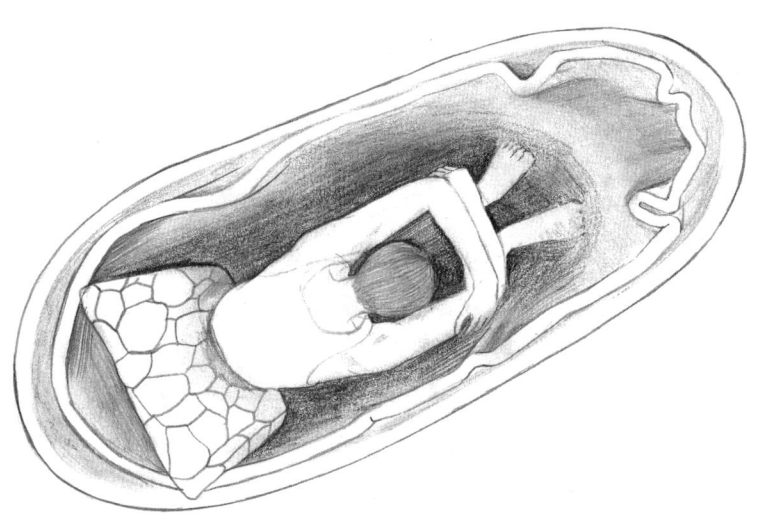

〈괜찮아, 사랑이야〉 10회에 나온 장재열의 욕조/욕실 모습, by 지은

어릴 적 어머니를 구타하는 아버지를 살해한 뒤, 불이 난 집에서 뛰쳐나오던 기억은 어른이 되어 일반적이지 않은 행위의 특이성을 지니게 만든다. 아래의 그림은 그가 실제 잠을 자는 모습을 재현에 놓은 것이다. 여기서 발견할 수 있는 상징성을 찾아보자.

아래 그림은 장재열의 욕조 바로 앞에 걸린 그림이다. 이 그림은 정신분석학에서 인간의 무식에 대한 실례를 그림으로 표현한 유명한 그림이다. 그만큼 장재열의 행위와 그의 숨겨진 내면이 이 그림을 통해 매우 상징적으로

〈괜찮아, 사랑이야〉 10회에 나온 장재열의 욕조 바로 앞에 걸린 그림, by 지은

잘 그려져 있다.

  실제 드라마 안에서 장재열이 연인인 해수에게 이 그림을 설명하는 대사가 있다.

  트라우마(외상 후 스트레스 장애)를 매우 상징적으로 잘 표현한 그림이다. 앞 장에서 말했듯이 그림 안에 들어간 서사와 드라마의 코드가 일치할 때, 그걸 알아보는 시청자는 극의 흐름에 더 몰입하며 주인공의 내면과 일치한 감정을 느낄 수 있고, 드라마에 대한 이해도가 달라진다.

  트라우마, 잠, 욕조, 욕조 앞에 걸린 두 마리의 낙타 그림의 오브제들은 작가가 전하고자 하는 주제를 유추하거나 발견할 수 있는 흥미로운 정보를 제공한다.

2) 영화 - 봉준호 감독의 설국열차

2013년에 개봉한 봉준호 감독의 '설국열차'는 그의 5번째 작품으로, 시나리오를 직접 쓰며 작업한 영화 중에 가장 많은 상징성을 포함한 작품이다. 작품마다 사회적 메시지를 던지는 봉준호 감독의 영화는, 개봉 이후에 영화를 관람한 관객이나 평론가들에게 영화에 대한 관람평이나 논평으로 끊임없이 회자 되며, 흥행보다 더 큰 의미로 감독의 의도를 재현한다.

영화의 배경은 2031년으로 2014년 지구온난화 해결책으로 과학자들은 상층권에 인공 냉각제를 살포했다. 그러나 거대한 한파가 세계를 덮치면서 모든 생명체는 멸종되고, 생존을 위해 기차 안에서 살아가는 사람들의 이야기다. 3강은 '아는 만큼 보인다' 라는 제목과 같이 이 영화는 보는 관객이 어느 정도의 배경지식을 두고 이 영화를 보는가에 따라, 시나리오 속에 촘촘하게 박혀든 상징들을 통해 오브제 발견의 재미가 있는 영화이다.

앞에서 언급한 '괜찮아, 사랑이야' 는 정신과적인 분명한 소재를 가지고, 그와 관련된 상징들을 그림이나 환시나 환청을 통해 시간의 고리를 만들어, 연출에 의해서 긴 호흡으로 보여주었다. 그러나 영화 '설국열차' 는 125분이라는 러닝타임 안에 감독이 의도한 메시지를 전달하기 때문에 훨씬 더 함축된 이미지와 상징을 사용한다.

사람들이 생활하는 폐쇄된 기차 안의 배경과 인물 간의 갈등, 그리고 끝없이 펼쳐진 설산과 마지막에 남은 주인공의 남궁민수의 딸 '요나' 와 커티스가 구해낸 아이가 눈 덮인 땅을 밟는 모습은 봉준호 감독이 전하고자 하는 주제에 관련한 오브제들로 의미를 분석하다 보면, 보이지 않는 영화의 그림자를 발견할 수 있을 것이다.

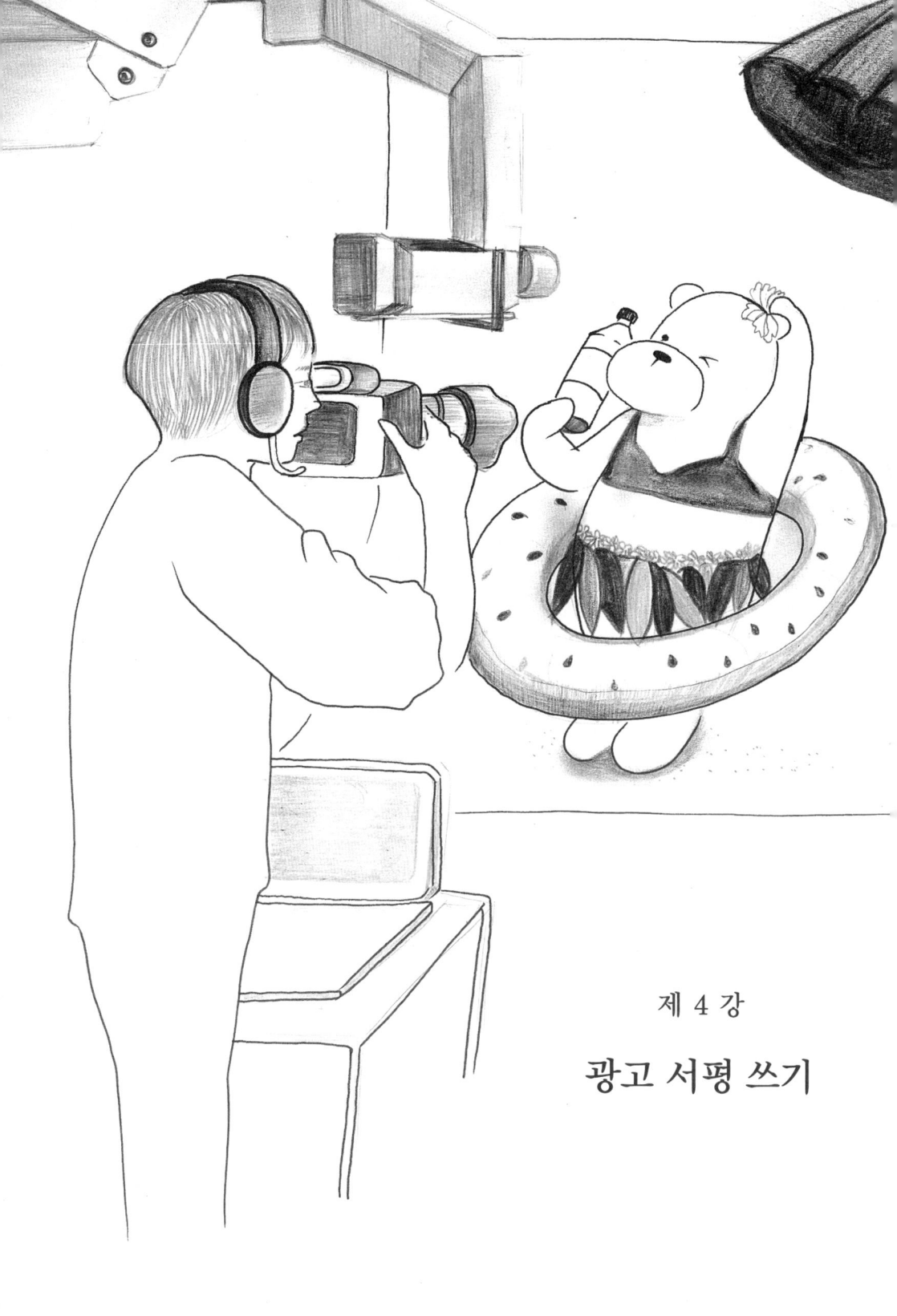

제 4 강

광고 서평 쓰기

1. 광고는 공감의 예술

　광고란 영문으로 'advertising'이고, 라틴어 'advertere'에서 왔다. 라틴어의 어원은 '~으로 향하게 하다' 또는 '주의를 돌리다'라는 뜻이다. 즉 사람들의 관심을 이끌어 무엇인가를 알리는 행위이다. 즉 광고를 보는 수용자에게 주의를 집중시키고 매력을 이끌어 호기심을 자극해야 한다. 광고 속에는 제품이란 것이 숨어 있다. 제품이 커다란 조건으로 발상이 아닌 그것을 잘 전달할 수 있어야 매력적이고 각인되는 광고가 될 수 있다. 불특정 다수에게 얼마나 큰 공감을 주는지에 따라 완벽한 커뮤니케이션으로 좋은 광고의 효과를 누릴 수 있다.

1) 영상광고의 설득력은 어디까지일까?

　광고는 설득의 기술이다. 에드워드버네이스는 저서 『프로파간다』에서 "현재 우리의 사회조직 안에서 뭔가 큰 일을 하려면 대중의 동의가 반드시 필요하다. 아무리 명분이 훌륭한 운동도 대중의 마음을 감동시키지 못하면 실패하기 쉽다"고 했다. 대중은 언제라도 홍보의 힘으로 휘둘릴 수 있음을

가르쳐준다.[32]

그러한 광고적 효과를 만들기 위해서는 구체적이고 분명한 메시지이어야 하며, 모호하거나 구체성이 결여되면 대중의 시선을 끌 수 없다. 광고는 제품의 기능적인 것을 설명하기보다 자신에게 제품이 무엇이며 어떻게 생각하고 있는지에 대한 사고의 제시다.[33]

---

[32] 이원재, 『광고의 진화』, 푸른사상, 2012, p.23
[33] 위의 책, p.98

2. 이야기를 지닌 광고

1) 스토리텔링의 중요성

광고는 현실을 전제로 만들어진다. 특히 대화체 광고는 등장인물이 15초 ~30초 이내 보여주는 짧은 영상으로 소비자에게 마치 하나의 일상으로 착각하게 만든다.

사실적인 광고보다는 일상이 소중하다는 생각에서 비롯된다. 이는 꼭 일상의 축소 내지 종속이라는 생각을 할 필요가 없지만, 자신의 뭔가를 발견하기 위해 광고를 도구로 쓴다는 생각은 필요하다.[34]

창조 경제 시대의 핵심 자원은 스토리이다. 고객이 느끼는 차별성은 그 제품이나 서비스가 가지는 기능적 우수성 못지않게, 그 제품과 관련된 독특한 스토리나 매력적인 이미지에 달려 있다.

특히 기업 활동에 있어서, 오로지 이윤 추구만을 하는 기업 이미지에서 벗어나 가령, 소외 계층을 돕는 활동, 지구 환경 생태계의 친화적인 제품, 서

---

34) 앞의 책, p.96
35) 구종상 외, 『스토리텔링레시피』, 푸른사상, 2014, p.132

비스 개발과 같은 건전한 생태계 조성에 일조하는 기업 이미지를 구축하기 위해서는 제품과 서비스에 소비자가 감동할 수 있는 스토리를 연계해야 할 것이다. 거짓을 꾸미는 스토리가 아니라, 고객이 감동할 수 있는 진실한 스토리가 나와야 할 것이다.[35]

다음에 제시된 영상을 보고, 위에 설명한 광고의 특징에 어느 정도 부합하는지 광고 서평쓰기를 해보자.

광고 서평쓰기 예시 광고 영상 자료   #SK하이닉스#행복 GPS#유튜브 영상, by 경은

1. 광고의 도입부를 보면서 어떤 광고라 생각했는가?

2. 광고의 도입부를 본 이후와 광고의 취지를 본 이후에 어떤 생각이 들었는가?

3. 이 광고의 제품과 스토리텔링의 장·단점을 생각하고 이유와 함께 짧은 서평을 써보자.

3. 기업의 가치와 이미지

현재는 기업이 예전처럼 무조건 많은 매출과 수익을 창출하기 위해 노력하는 시대는 지났다. 무엇보다 기업의 이미지가 중요하고 소비자로부터 기업의 브랜드의 가치를 높여 존경과 신뢰를 획득하기 위해 노력한다. 많은 기업에서 경쟁력을 높이려면 이제는 기업의 품격이 중요한 시대다. 다시 말해 이는 기업의 가치와 이미지를 상승시킨다. 그리고 수없이 많은 기업의 경쟁사에서 롱런할 수 있는 기업들의 근본적인 원인도 여기에 있다.

광고는 제품의 이미지뿐만 아니라 기업의 이미지 창출에도 매우 중요한 역할을 한다. 곧 찰나 같은 시간에 제품을 노출하고 소비자에게 깊은 인상을 만들어 낸다. 그래서 정확한 소비시장 조사를 통해 경쟁사와 차별성에서 기업의 가치와 이미지가 어떤 차이를 가져오는지 반드시 분석할 필요가 있다.

기업은 광고를 통해 새로운 이미지를 형성하거나 또 다른 방향성을 제시할 수 있다. 안주하지 않고 탐구하고 고민할 때 미래에 다가올 성공적인 결과를 낳는다. 곧 기업의 이미지를 긍정적으로 만드는 광고는, 소비자에게 무한한 신뢰를 얻을 수 있는 강력한 힘을 발휘한다. 위에 광고처럼 공익광고를 연상케 하는 기업의 메시지는 자신들의 원하는 제품의 이미지와 기업의 이미지가 합쳐져 시너지 효과를 낼 수 있다.

제 5 강

단편소설 분석하기

1. 소설은 이미지와 상징의 집대성

　소설은 인간의 삶이다. 소설은 인간의 체험을 바탕으로 재구성된 이야기이기 때문이다. 그 안에는 세월을 초월한 보편적인 정서가 제재로 이루어진 세계이지만, 한국의 현대소설은 근·현대사에 따라 그 표현과 숨겨진 의도가 다르다. 작가는 인간의 다양한 모습을 정면으로 드러내, 현실을 반영하고 사람과 사람 사이에 다양한 갈등을 유추해 내도록 여러 기법을 사용한다.
　특히 상징적 기법은 소설에서 다른 것과의 비유를 통해 얻어지는 것이 아니다. 두드러지게 반복적으로 나타내는 특성으로 작품이나 작가, 시대 등에 상징어를 사용하여 추상적이고 함축적으로 보여준다. 우리는 작가가 제시한 상황을 인정하고 그 법칙에 따라 작품을 읽을 수밖에 없다. 작가의 안목으로 리얼리즘을 수정하여서 어떤 상징을 전제로 내놓은 것이 소설이며, 이는 정연한 현실적 논리로 전개되고 발전한다.[36]
　이는 사회의 일반적 관례가 무시된 채 작가의 독특한 체험으로만 이루어진 작품은 공감대가 약하겠지만, 그렇다고 작가의 체험이 배제된 채 사회적인 관례로만 편성된 소설도 예술 작품으로서의 가치가 없다는 것이다. 객관적이고 사실적인 소설에서는 특히 개인적 요소를 피하는 경향이 있는데 그것은 작가가 독자의 심리적 반응을 중시하려는 의도라고 할 수 있다.[37]

---

36) 이향아, 『창작의 아름다움』, 학문사, 1997, p.300

1) 단편소설 읽기

① 서영은 작가의 「먼 그대」

서영은 작가는 1969년 『월간문학』에 「나와 '나'」가 당선하여 등단하였고, 1983년 「먼 그대」로 이상문학상을 수상하였다. 리얼리즘 계열의 작가로 현실 속에 인간의 삶을 초월한 절대 세계의 의미를 부여한 작품이 다수이다. 1987년 45살에 결혼하였는데, 운명론적 세계관의 대표작가인 김동리 작가와 서른 살의 차이를 극복하고 가정을 이룬다. 그러나 김동리 작가는 오랜 투병 생활이 시작되었고 1995년에 사망한다.

● 서영은 작가의 1983년 작 「먼 그대」의 소설 일부 내용이다. (1) 전체 본문을 정독하고 (2) 책 속에 나오는 제시 구절을 상세히 살펴본다. 앞에서 배운 상징성을 토대로 작품을 구절을 분석하여 소설 속 숨은 의미를 알아보자.

---

37) 위의 책, p.320

1. 그녀가 그를 위해 마련한 저녁상은, 가난한 자가 일주일 내내 거친 솔과 젖은 걸레로 마룻바닥을 힘들어 닦아서 번 돈으로 성전 앞에 켤 양초를 사는 것같이 마련된 것이었다.[38]

---

38) 서영은 외, 『한국소설의 얼굴 제13권』, 푸른사상, 2013, p.20

2. "그가 나에게 준 고통을 나는 철저히 그를 사랑함으로써 복수할 테다. 나는 어디도 가지 않고, 이 한자리에서 주어진 그대로를 가지고도 살 수 있다는 것을 보여 줄테야. 그래, 그에게뿐만 아니라 내게 이런 운명을 마련해 놓고 내가 못 견디어 신음하면 자비를 베풀려고 기다리고 있는 신에게도 나는 멋지게 복수할 거야."[39]

---

[39] 위의 책, p.22

3. 리비아에서는 조상적부터 전해져 내려오는 전설 같은 지도가 있다. 그 지도에는 사막의 땅 속 깊은 곳으로 흐르는 푸른 물길이 그려져 있다. 그들은 이 길을 신의 길이라고 부른다. 사막의 오지에서 나오지 않는 사람들만은 이 푸른 물길이 어디에 있는지 안다고 했다.[40]

---

40) 앞의 책, p.26

4. 그 고목은 몸뚱어리가 온전치 못한 불구의 몸임에도 늠름한 키에 풍성한 가지를 지니고 있었다.[41] 고목의 의미는?

---

41) 위의 책, p.26

5. 새우처럼 등을 구부리고 자는 모습을 바라보고 있는 동안, 문자에겐 이제야말로 내가 이 사람을 진정으로 사랑하는 게 아닐까 하는 생각이 스쳐 갔다.[42]

---

42) 앞의 책, p.27

6. 그러나 문자에겐 그가 자기 시야에서 끝도 없이 멀어지고 있을 뿐인 것으로 느껴졌다. 그는 이미 한 남자라기보다, 그녀에게 더한층 큰 시련을 주기 위해 더 높은 곳으로 멀어지는 신의 등불처럼 여겨졌다. 그리하여 그녀는 그것에 도달하고픈 열렬한 갈망으로 온몸이 또다시 갈기처럼 펄럭였다.[43]

---

43) 위의 책, p.27

7. 이 작품에서 '낙타'의 상징적 의미는 무엇인지 이유와 함께 쓰세요.

8. 문자에게 한수와 자신의 아이는 어떤 의미라고 생각하는지 이유와 함께 쓰세요.

② **오정희 작가의 「비어있는 들」**

오정희 작가는 1968년 「완구점 여인」으로 신춘문예의 당선되면서 등단하였다. 「저녁의 게임」으로 이상문학상을, 「동경」으로 동인문학상을 수상했다. 2003년 「새」로 독일 리베라투르상을 수상했는데, 이는 해외에서 최초로 한국인이 문학상을 받은 사례로 기록된다. 오정희는 한국의 내표석인 여성주의 작가이다. 그렇다고 페미니즘 소설은 아니며, 근현대사 속에 여성의 삶을 사실적으로 그려낸 작가이다. 주로 가족 폭력, 부성의 부재, 모성에 대한 고찰 등 그 시대 한국 여성의 현실을 그리며 섬세하고 치밀한 감정 묘사, 이미지와 상징 등이 매우 돋보이는 작가이다.

● 오정희 작가의 1979년 작 「비어있는 들」의 소설 일부 내용이다. (1) 전체 본문을 정독하고, 책 속에 나오는 제시한 구절을 상세히 살펴본다. (2) 앞에서 배운 상징성을 토대로 작품 구절을 분석하여 소설 속 숨은 의미를 알아보자.

1. 새벽 예배를 가는 듯 찬송가를 낀 젊은 여자가 단정히 고개를 숙이고 지나쳤다. 이어 역시 찬송가와 성경책이 들었을 게 분명한 구럭을 든 할머니가 허리를 두드리며 골목의 급한 경사면을 올라왔다. 남편의 고무장화는 물속인 듯 절벅거리는 소리로 골목을 채웠다.
예비군복을 입은 사내 둘이 낮은 소리로 두런대며 엇비켜 지나갔다. 갑자기 교회의 종이 울리고 이어 아우성치듯 높은 곳마다 낮은 곳마다 자리 잡은 교회의 종들이 울리기 시작했다.[44]

---

44) 장현숙, 『강의실에서 소설 읽기』, 2010, 푸른사상, p.273

→ 앞 지문에서 ⑴ '군복을 입은 두 사내'와 ⑵ '울리는 교회 종소리'는 어떤 의미로 해석이, 가능한지 상징을 분석해 보세요.

2. 짤막하게 대답하고 나는 탐색하는 눈길로 남편의 손을 바라보았다. 봄내 여름내 물가를 찾노라 검게 그을어 투박해 뵈는 손가락이 조심스럽게 날카로운 갈고리에 떡밥을 끼웠다. 남편이 언제부터 낚시를 다니게 되었던가, 그닥 오래된 것은 아니었으나 기억이 아리송했다. 어느 날 제 시간에 퇴근해서 돌아오는 그의 손에는 한 벌의 낚싯대가 들려 있었다. 그리고 어느 날부터인가 나는 은밀하고 절박한 그리움으로 남편을 떠나고 있었다. 나는 낚시에 흥미를 느낀 적, 따라나선 적도 없었기에 남편이 이러한 모습으로 앉아 해를 보내리라고는 상상해볼 수 없었다. 남편 역시 혼자 있는 시간의 내 모습을 알 리 없는 것이다.[45]

---

45) 위의 책, p.279

→ 앞 지문에서 (1) 남편이 낚시하는 행위, (2) 아내가 남편을 따라간 이유에 대해서 생각하고, 작중인물의 분석을 통해 상징하는 바를 써보세요.

3. 기차는 이십 분 연착인 것이다. 그 이십 분이 내게 구원으로 생각되었다. 그는 이십 분간의 유예를 갖는 것이다. 최소한 이십 분 가량은 헛되이 낯선 거리를 기웃거리며 방황하지 않을 유예. 열린 창마다 사람들이 고개를 내밀고 있었다. 선풍기는 뻑뻑히 목을 꺾으며 힘들게 돌아가고 있을 것이다. 그 끈끈한 바람에 함께 허덕이며 그는 아마 이쪽을 보고 있을까 한유하게 낚싯대를 드리운 우리를 볼까. 아, 이 십분, 두 시간, 이틀이며 어떠랴, 나는 해(年)를 두고 그를 기다려왔던 것을. 나는 줄곧 그를 기다려왔다. 그 기다림은 하도 절박하면서도 만성적인 것이어서 나는 오히려 그것이 생리적, 원천적인 것이 아닐까 생각하고 있었다.[46]

---

46) 앞의 책, p280~281

→ 이 작품에서 (1) '그'는 누구, 혹은 무엇을 상징하는 것이며, (2) 기차가 20분 연착되었다는 것은 소설 전개에서 어떤 의미를 지니고 있는지 생각해 보세요.

4. 이 작품의 작중인물 '나'는 처음부터 계속된 질문으로 일관한다. 남편에게 "몇 시예요?"라고 재차 확인하는 행위는 무엇을 의미하는 걸까요?

5. "다섯 시 십 분입니다." 아이는 팔을 높다랗게 치켜 올리며 자신 있게 답했다. 다섯 시 십분, 아이가 만사 젖혀놓고 텔레비전 앞에 매달리는 초능력의 로봇 만화 영화가 시작되는 시간이었다. (중략) 나는 아이에게 다가갔다. 아이의 손목에는 아직까지도 시든 클로버의 꽃시계가 감겨져 있었다. "몇 시예요?" 나는 아이의 섬세한 목에 팔을 두르고 절망적으로 물었다. 아이가 가벼운 손짓으로 나를 밀어내며 손목을 눈 가까이 들어올렸다. "다섯 시 십분."[47]

→ 아이가 하루 중 가장 좋아하는 시간인 '5시 10분'은 시간적 배경이 된다. 여기서 나타낸 (1) 수의 상징적 의미는 무엇이며, (2) 만화 영화는 이 작품에서 어떤 것을 상징한다고 생각해 보세요.

---

47) 앞의 책, p.279, p.289

2. 문학 작품을 읽는 방법
   (현대소설 분석의 관점)

1) 현대소설 분석의 관점

　미국의 문학이론가 에브럼즈는 문학 행위가 성립되려면 네 가지 요소가 필요하다고 했다. 작품의 대상이 되는 현실 세계(시대적 배경), 작품을 창조하는 작가, 작품을 읽는 독자 마지막으로 작품 그 자체(소설 내용만) 이 네 가지를 통해 문학세계는 그려지며, 선행 연구들의 방법이 되었다. 이를 도식화하면 이렇다.

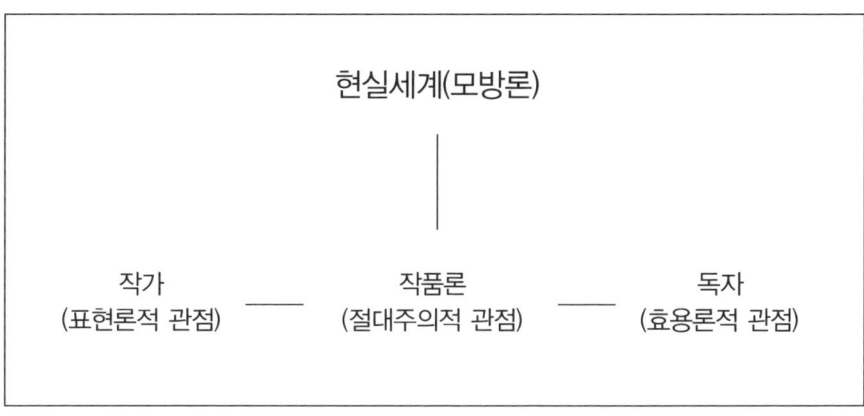

2) 내재적 관점으로 상징 분석하기

절대주의적 관점은 말 그대로 작가가 완결해 놓은 이야기는, 절대 바뀌지 않는다는 것이다. 곧 작품의 구조나 인물의 갈등 등 소설 자체만을 분석하는 관점이다. 작품의 구성요소들이 하나의 유기체를 이뤄 와서된 구조로 보고, 녹가는 소설에 나온 그대로 언어, 구성, 짜임, 상징, 비유, 작중인물, 갈등 관계, 서사 구조 등에 중점을 두고 작품을 읽는 방법이다.

3) 외재적 관점으로 상징 분석하기

외재적 관점은 세 가지로 구분된다. 반영론적 관점, 표현론적 관점, 효용론적 관점이다.

가. 반영론적 관점은 인간 생활을 모방하거나 재현한다. 작가가 살았던 시대가 언제인가 따라 현실 시대의 모습은 달라진다. 특히 한국과 같이 다양한 근·현대사를 가진 세계는 이를 모방해서 만들어진 배경의 진실성 여부를 평가하게 된다.

나. 표현론적 관점은 작가의 세계관을 말한다. 작가의 처녀작이 주로 자신의 실제 경험을 바탕으로 쓰이는 이유도 작가 스스로가 가장 잘 아는 이야기이기 때문이다. 작가의 삶을 원초적으로 쓰기 때문에 작가 개인의 정서, 가정환경, 성장 과정, 가치관이나 종교관을 그대로 드러낸다.

다. 효용론적 관점은 독자가 독서를 통해 얻는 교훈과 감동을 평가하는 관점이다. 작가가 독자에게 어떤 영향을 주기 위해 작품을 썼는지에 대해 살피는 것이다.

3. 단편소설 서평쓰기

서평이란 객관적인 입장에서 책의 가치와 한계를 분석적으로 비판하고 평가하는 글로, 개인의 주관적인 글을 담는 독서감상문과는 다르다. 단, 독서를 바탕으로 쓴다는 점에서 유사성을 지닌다. 서평은 전문적인 서적에 실리는 서평과 자신만의 채널을 통해 개성적인 시각을 드러내는 서평이 있다.

서평은 수필과 다르게 형식이 있다. 도입부, 본문, 결말부로 구성되고, 내용은 책의 내용에 대한 이해와 비판적인 시각, 가치 평가로 이루어진다. 독서감상문 보다는 훨씬 다양한 분석과 사전 조사가 필요하다. 이 책에서 다룬 대중매체와 소설들은 모두 서평으로 이루어지고 있다. 이러한 방법은 글쓰기에 대한 강박에서 벗어나 부담을 덜어내며, 글쓰기의 체계적인 기초가 될 수 있다.

4. 토론 – 공적 대화의 중요성

　글쓰기 수업에 핵심은 '글' 과 '말' 이다. 글을 쓰는 것에 그치지 않고 다양한 화법을 통해 자신의 글에 대한 생각을 청자에게 설득시킬 수 있어야 한다. 그래서 작품을 감상한 이후, 토론을 통해 담론을 형성하는 것은 매우 중요하다.
　바흐찐에 의하면, 산다는 것은 '대화적' 이다. 다시 말해 화자의 언어와 청자의 언어가 부딪치고 갈등하는 현장에서 언어는 위계 질서화된다. 담론 주체는 자신의 발화를 상대방에게 효과적으로 전달하기 위한 설득 전략을 구사한다는 것이다.[48]
　문자언어로 표현한 작문에서 끝나는 것이 아니라 공적 대화인 토론과 스피치, 프레젠이션은 요즘 많이 활용하는 의사소통의 방법이다.

---

48) 안숙원, 김시윤, 『글쓰기와 글치기』, 도서출판 굿모닝, 2011, p.222

제 6 강
단편영화 서평 프리젠테이션
(Presentation)

1. 영화 속 오브제 분석하기

톨스토이는 『예술이란 무엇인가』에서 "예술의 평가, 즉 예술이 주는 마음의 평가는 인생의 의미에 관한 인간의 이해에 의존한다. 다시 말하면 인간이 인생의 선이 어디에 있고, 악이 어디에 있는가를 보여주는 데 의존하고 있다.(중략) 예술은 인간의 이성적 의식을 감정에 옮기는 인간 생활의 기관이라고 전재했다.[49]

그만큼 영상매체 역시 세상 모든 이야기에 인간의 삶을 녹여낸다. 앞 강에서 '설국열차'와 같이 영화 매체의 특징은, 두 시간 혹은 세 시간 남짓한 러닝타임(running time) 안에 화자가 전하고자 하는 뜻을 무엇을 통해, 어떻게 말할 것인가는 매우 어려운 일이다. 또 숨겨져 있다 하더라도 분명한 상징성을 통해 드러나 있다. 영화 속 서사에 갈등은 인간의 이해를 통해 가능해진다. 색채, 공간, 시간, 의상, 소품 등 스크린을 통해 드러난 모든 오브제는, 영화의 스토리텔링의 완결성을 맺는 매우 중요한 요소이다.

---

49) 조요한, 『예술의 철학』, 미술문화, 2005.

1) 영화 속 이미지, 비유, 상징의 실재

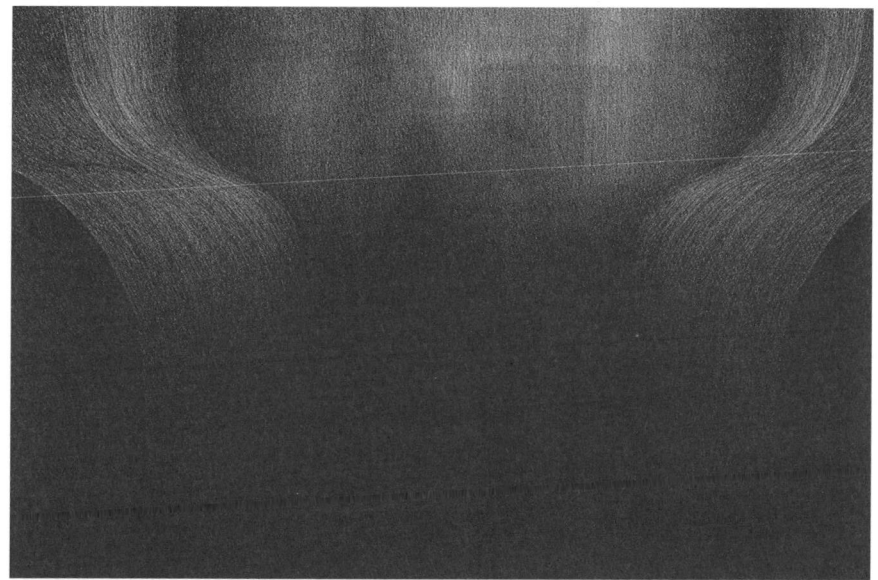

영화 '커브' 이미지 1/Design by 경은

영화 '커브' 이미지 2/Design by 경은

이 영화는 2016년 감독 팀 에간의 11분짜리 단편영화로 49회 시체스 영화제에서 '최우수 단편상'을 수상한 작품이다. 한국에서는 제20회 부천국제판타지스틱영화제에 초청되었다. 이 영화의 가장 큰 특징은 한 여자가 등장하지만, 대사가 존재하지 않고 오로지 시각과 청각에 무게 중심을 두었다. 공간적 배경은 위태로운 곡면으로 이루어져 있으며, 기괴한 소리와 함께 공간의 색감은 압도적이나, 시민과 배경은 주인공의 심리 변화에 따라 같이 흘러간다. 감독이 기획한 메시지가 있지만, 서사의 흐름은 완벽하게 상상성을 띄어, 관객에게 맡기는 열린 결말로 마무리가 된다.

상징적 이미지 중에서도 공간의 구조와 색감이 큰 의미를 지니며, 이 구조와 색감을 통해 상상은 무한계이다.

지금부터 보여주는 영상을 보고, 앞 강에서 배운 이미지와 상징을 살펴본다. 영화 '커브'의 상징성을 분석해 주제를 도출해 보세요.

① 첫 장면의 상징성:

② 이 영화의 전체 색채의 상징성:

③ 공간의 상징성 :

④ 청각적 효과(소리의 변화)의 상징성 :

④ 결말의 상징성 :

☞ PPT를 위한 브레인스토밍 하기

2) 영화 속 시퀀스(sequence) 찾기

영화 속에서 감독이 자신이 결정한 주제를 성공적으로 전달하기 위해서는 치밀한 기획의 단계가 있어야 한다. 주제를 정한다고 해서, 영화 자본에 들어가는 막대한 제작비 투자를 받는다는 것은 쉬운 일이 아니기 때문이다. 특히 시나리오와 감독이 일치하지 않을 때, 그 협업은 기획 단계에서 이미 성공보다 실패를 반드시 감수해야 한다. 그래서 좋은 기획의 출발은 제작진 스스로 끊임없이 고민해야 하는 문제이다.

상업영화와 단편영화의 제작비 차이는 비교할 수 없을 만큼 큰 격차를 보이지만, 단편영화 역시 주어진 제작비 안에서 자신들의 이야기를 구현해야 한다. 영화가 나아가는 의도에 맞게 내용을 정치하게 조직하여 일관된 구성 단계로 엮어야 한다.

기획은 What을 결정하는 일에서 출발한다. 여기서 What은 주제, 테마, 콘셉트, 메인 스티림 등이다. '어떻게 표현할 것인가', '어떻게 보여줄 것인가' 단계에서는 전략을 세워야 한다. 같은 소재라도 다양한 매체에 접한 영상매체는 화제성과 평가가 달라진다. 그 이유는 전략의 차이에서 비롯된 것이다. 전략은 다른 말로 주제를 보여줄 수 있는 다양한 단락(시퀀스, 항목, 소주제)를 어떻게 효과적으로 배치할 것인가 하는 구성 방법론이 여기에 해당된다.[50]

시퀀스(sequence)는 원래 건축학에서 나온 용어이다. 의미는 비슷하나 더 정확하게 말하면 영화에서 시퀀스(sequence)는 특정 주제나 사건을 중심으로 연결된 장면들의 연속을 의미한다. 이는 영화의 구조를 구성하는 핵

---

50) 구종상 외, 『스토리텔링 레시피』, 푸른사상, 214, p.97

심 단위로, 관객의 몰입과 이야기 전개를 이끌어간다. 시퀀스는 동일한 시간대와 장소에서 벌어지는 사건들을 묶어, 하나의 완결된 흐름을 만든다.[51]

관객은 이렇게 짜인 영화 설계도를 각자의 방식으로 감상하고 해석함으로써 영화가 보여주는 스토리텔링의 완결성을 경험하게 되는 것이다.

3) 영상매체의 스토리텔링 구조

영상매체에서 스토리텔링은 서사를 중요한 요소로 포함하기는 하지만 음악, 음성, 이미지, 비주얼, 그리고 곧 아마 후각까지도 포함하는 다양한 요소들을 염두에 두어야 할 것이다. 이때 서사는 이러한 다양한 요소들을 엮는 중심 요소로 작용할 수도 있지만, 거꾸로 음악 혹은 이미지가 불러일으키는 생각들 때문에 만들어지기도 한다. 특히 영상매체의 스토리텔링에서는 어떤 하나의 요소가 주도적이거나 중심적인 역할을 하는 것이 아니다. 이미지는 서사를 불러일으키고, 그 서사는 이에 맞는 음악이나 비주얼을 찾아내고, 그러한 음악, 비주얼은 또 다른 서사를 만들어 내는 식으로 끝없이 이야기의 고리로 이어진다.[52]

---

51) 네이버 영화 지식 백과사전
52) 앞의 책, p.60

2. 개성 있는 PPT의 활용법

1) 효과적인 PPT 작성과 스피치

★ 프리젠테이션 개요 작성[53]
① 자기소개 : 이름, 소속, 개인 정보 추가, 기타
② 오프닝 훅(Opening Hook) : 발표 서두에서 청중의 주의 끌기
③ 목적 : 분명하고 이해하기 쉽게 구성하기
④ 컨덴츠 : 효과적으로 전달하기
　　　　　(시청각자료 제시할 때는 정면으로 청중으로 보며 말하기)
⑤ 요약 : 메인 포인트별로 분명하게 2~3회 반복하며 말하기
⑥ 결론 : 퍼스널하게 청중의 질문을 받고 대답해 주기

실제 현장에서 마지막 수업으로 PPT 발표는 영화 분석 내용과 함께 스피치에 대한 객관적인 평가, 피드백으로 진행한다. 원활한 의사소통의 가장 효과적인 방법은 말과 글에서 나온다. 직업적인 특수성이 있어 일상화가 되지

---

53) 앞의 책, p.236

않은 이상, 학생뿐만 아니라 일반인들도 상당히 어려워하는 부분이다.

많은 청중과 제한된 시간까지 주어진다면 쉽지 않은 일이기 때문이다. 컨텐츠로 사용되는 PPT의 작성부터 시작해서 준비한 자료를 사용하여, 발표자로서 성공적인 말하기가 되려면 반복된 훈련이 필요하다.

공적 대화의 무대 공포증(Stage Fright)은 누구에게나 존재한다. 중·고등학교 교과개정이 바뀌어 PPT 말하기 수업을 한다지만, 정확한 피드백이 주어지지 않고 오로지 학생들의 머릿속에는 그저 단순한 평가로서 그 시간을 모면하기만을 바란다. 그래서 사회인이 되어도 부끄러움과 당황스러움, 극도의 긴장감을 견뎌내기 힘들어한다.

발표할 내용을 완벽하게 암기가 되지 않는 경우 때론 대본처럼 원고를 써오지만, 오히려 원고만 보고 줄줄 읽어내려 PPT 활용을 전혀 하지 못한다. 혹은 화자 개인의 준비가 미흡할 경우 자신감은 더 떨어진다. 시간적인 여유를 가지고 준비 시간을 잘 활용하여, 반복적인 말하기 연습을 진행해야 한다. 그렇게 해야 자연스러운 행동과 시선 처리가 가능하다.

발표가 끝난 뒤에는 반드시 피드백 시간을 가져야 한다. 피드백을 할 때는 단점을 먼저 지적하기보다, 객관적으로 분석한 내용을 평가하고, 그것이 PPT로 잘 구현했는지부터 이야기한다. 발표하는 현장에 청중이 많고 공간이 넓어 화자가 가지는 중압감은 매우 크기 때문이다. 앞에서 피드백을 듣는 순간에도 손을 어디에 둬야 할지 몰라 곤혹스러워한다. 그럴 때는 자연스럽게 메모를 하며 피드백을 해주는 상대와 눈을 맞추면 그만이다.

자신이 준비한 PPT를 활용하고 효과적으로 말하기 위해서는, 스피치 내용에 대한 연습이 매우 중요하다고 말했다. 특히 피드백 시 발음, 목소리 크기, 목소리 톤 등 소리의 필요성과 중요도를 설명한다. 많이 지적되는 부분이 극도의 긴장감으로 인해 말을 평소보다 훨씬 빨리한다. 자신도 모르게 빨라지는 말의 속도와 부자연스러운 발음으로 인해 오히려 청자가 불안해진다.

그럴 때는 휴지 상태를 가져야 한다. 그리고 평소에 말을 할 때, 정확한 발음과 천천히 이야기하는 습관을 의식적으로라도 연습해야 한다. 생각보다 정보 전달을 해야 하는 직업군은 많고, 보고하기는 기본적인 업무이다. 꾸준하게 스피치를 훈련하는 것은, 직장 내에 자신의 포지션을 바꾸는 기회를 만들 수도 있다. 곧 자신의 이미지가 되기 때문이나 PPT의 목적을 뚜렷하게 정하고, 말은 명료하게 전달하고자 하는 내용을 요약적으로 하면 더욱 효과적이다.

3. 5분 스피치[54] – 공적 대화는 이렇게 말한다

① 말로 하기 (Speaking only ≠ 글읽기)
(1) 짧은 문장, 핵심어 중심으로 말하기
→ 읽지 말고 단순한 문장, 키워드 말하기
(2) 개성적이고 개방적으로 말하기
→ 머릿속에 기억한 내용을 읽지 말고 말하기, 시선 처리 청중 장악하기
(3) 강조를 위한 휴지(Pause)와 극적 효과 활용
→ 빠르지 않고 한 템씩 쉼을 주고 말하기, 강조하는 부분 어투 변화주기
(4) 키포인트로(Key point)별로 말하기
→ 장황하게 말하지 않기
(5) 시각적 보조자료(PPT) 사용하며 말하기
→ 바른 자세와 여유 있게, 말하는 동안 손과 제스처를 의식하고 말하기
(6) 단어마다 읽지 말고 항상 청중을 보며 말하기
(7) 주안점(Main points)를 간단명료하게 말하기

② 목소리의 톤
(1) 크게 말하며 정확한 발음으로 말하기
(2) 목소리에 어미 변화와 함께 리듬을 타기 (3) 속도를 적절하게 조율하기
→ 빠르게 말하지 않도록 주의하기

---
54) 앞의 책, p231 참조

[참고문헌]

가스통 바슐라르, 곽광수 역, 『공간의 시학』, 東文選, 2003.
경원대학교 '읽기와 쓰기' 교재 편찬 위원회, 『색깔 있는 글쓰기』, 도서출판 역락, 2008.
곽광수, 『가스통 바슐라르』, 민음사, 1995.
김정희, 『스토리텔링-이돈과 실재』, 인간사상, 2010.
김해식, 『글쓰기 특강』, 파라북스, 2011.
구종상외, 『스토리텔링 레시피』, 푸른사상, 2014.
미르치아 엘리아데, 이재실 역, 『이미지와 상징』, 까치, 1998
박인기, 『디지털 시대, 문학의 길』, 푸른사상, 2007.
박영수, 『색채의 상징, 색채의 심리』, 살림출판사, 2010.
서정숙, 『논리적 글쓰기』, 정음문화사, 2004.
안숙원·김시윤, 『글쓰기와 글치기』, 도서출판 굿모닝, 2011.
앤드류 하지스, 유세진 역, 『1에서 9까지- 세상의 내면을 파헤치는 9개의 수』, 21세기 북스, 2010
유미애, 『그대라서 좋다, 토닥토닥 함께』, 푸른사상, 2021.
유미애, 『그 모든 순간, 윤대녕의 단편들』, 도서출판 등, 2025.
이원재, 『광고의 진화』, 푸른사상, 2012.
이향이, 『창작의 아름다움-문예창작이론』, 학문사, 1997.
에바 헬러, 이영희 역, 『색의 유혹 1』, 예담, 2004.
에바 헬러, 이영희 역, 『색의 유혹 2』, 예담, 2004
진쿠퍼, 이윤기 역, 『그림으로 보는 세계문화상징사전』, 까치, 2019.
C.G. 융 외, 권오석 역 『무의식의 분석』, 홍신문화사, 2007.

[부록]
어휘력 향상을 위한 꼭 읽어야 할 세계문학 필독서 목록

1. 제인에어
2. 폭풍의 언덕
3. 테스
4. 천국의 열쇠
5. 수레바퀴 아래서
6. 바람과 함께 사라지다 상,하 / 스칼렛 상, 하
7. 대지
8. 주홍글씨
9. 호밀밭의 파수꾼
10. 죄와 벌
11. 좁은 문
12. 위대한 개츠비
13. 오만과 편견
14. 단테 신곡(지옥편)
15. 수레바퀴 아래서
16. 달과 6펜스
17. 전쟁과 평화
18. 노인과 바다
19. 지와 사랑
20. 이방인
21. 갈매기의 꿈
22. 앵무새를 죽이는 사람들
23. 데미안
24. 셰익스피어 4대 비극/희극
25. 레미제라블

곰밍아 있! 너를 위한
대중매체와 글쓰기

첫판 1쇄 펴낸 날 2025년 9월 15일

지은이 · 유미애
펴낸이 · 유정숙
펴낸곳 · 도서출판 등
기　획 · 유인숙
관　리 · 류권호
디자인 · 김현숙
편　집 · 김은미, 이성덕

ⓒ 유미애 2025

주　소 · 서울시 노원구 덕릉로 127길 10-18
전　화 · 02.3391.7733
홈페이지 · dngbooks.co.kr
이메일 · socs25@naver.com

정 가 · 18,500원

• 이 책은 저작권법에 따라 보호받는 저작물이므로 무단 전재와 무단 복제를 금합니다.
• 이 책의 전부 또는 일부를 이용하려면 저자와 도서출판 〈등〉에 동의를 받아야 합니다.
• 이 책에 쓰인 그림은 정해진 절차에 따라 저작권자의 동의를 받아 사용하였습니다.